宇宙間慈悲的力量，感謝這一刻
全宇宙都在幫助我。
每一件事、每一個人、每一樣東西
都是另一個我，
在幫助這一刻的我覺醒。

心經

通往心經開悟的《心經》

the
Core Sutra
Essence of the Great Wisdom to Liberation

還原佛法本意的佛法

傳訊者＿＿＿＿章成、M・FAN

一目錄一

復如是。舍利子。是諸法空相。不生不滅。不垢不淨。不增不減。

第三章

是故空中無色。無受想行識。無眼耳鼻舌身意。無色聲香味觸法。無眼界。乃至無意識界。無無明。亦無無明盡。乃至無老死。亦無老死盡。

能除一切苦。真實不虛。故說般若波羅蜜多咒。即說咒曰。揭諦揭諦。波羅揭諦。波羅僧揭諦。菩提薩婆訶。

〈自序〉無上甚深微妙法

為什麼在基督教裡面，會有「工作六天，第七天要休息」這樣的規定呢？雖然它的典故是來自於《聖經》，但是全世界無論什麼信仰，也都跟著這樣的文化在生活。其實這就是來自於大家身為人類，共同會有的感覺：雖然你每天晚上都會睡覺，等於每天也是有固定的休息。可是人在同一個生活型態裡面日復一日之後，還是會覺得有一個「緊度」；並且會愈來愈緊，是晚上的睡眠也無法平衡的。所以每隔數天，我們就需要一個更大的放鬆。

那麼，為什麼同一種生活持續下去，會愈來愈緊呢？因為所謂的日復一日裡面，是有很多「習慣」在運作的，而如果你去觀察「習慣」這件事，你會發現「習慣」是有一種「力道」在累積的。也就是一旦你一直重複著一個習慣，它也會變成一種愈來愈強的推力，變成是它在推著你走。就好像火車頭本來很重，不容易拉動，可是一旦你把它拉動了，又持續添加柴火把它往同一個方向推，那它就會愈跑愈快，愈難停下來。

所以表面上是我們在過生活，可是持續了一段時間，就會變成是生活在推著我們走。可是這些習慣之中，有很多其實是讓我們身心靈的運作一直在產生「系統衝突」和心情失衡的狀況，因此外在的生活也許看起來只是日復一日，可是我們的內在卻會愈變愈緊。

所以為什麼「有覺知」是非常重要的，如果沒有覺知，只是讓各種習慣去形成一種愈來愈強的「停不下來」，那麼這些習慣裡面所隱含的問題，也就一樣會在你的身心靈裡面堆積。於是連第七天的休息，也沒有辦法鬆開這個「緊」了。

事實上這就是現在全球人類的寫照，無論哪個國家都是一樣。所以，表面上人類的物質環境似乎一直在提升，但是其實人類的精神健康與幸福指數，卻是在「往下走的」。

什麼是「往下走」呢？像你有時候會看到路上有一些情緒失控或精神失常的人，他們也不是突然之間就變成那樣的。他們就是生活中一直有一個緊度在那裡，然後他們沒有去覺知和調整，就變得愈來愈緊，直到生活各方面都跟著每況愈下。

這個「緊度」從情緒上去講，就是有很多負面情緒的累積，無法去化解；就思想上來講，就是這裡面有很多「拿刀插自己」的慣性，而且還下手愈來愈重。所謂的「拿刀插自己」，就是我們俗稱的「玻璃心」。你可以回想一下，是不是只要是玻璃心很重的人，面相看起來都會比一般人更緊繃呢？負面情緒的累積，很自然會製造你的玻璃心，如果你沒有辦法減少它們，你的玻璃心就會愈來愈嚴重。於是你整個人就會愈來愈緊繃，人際關係也會愈來愈差，那麼你的健康、收入和事業，遲早都會受到拖累。

沒有人會故意想要自己的人生往下走，可是就是這些生活的習慣，一點一滴的把他往這個方向拖。例如一個人本來沒有情緒，但是遇到一件事情他有情緒了，如果他的思考習慣是叫他要壓抑，那他就會把這個情緒壓抑下去。然後他愈常去壓抑情緒，他就愈覺得自己「可以壓抑」，而且他壓抑的範圍就會愈來愈廣、重量也愈來愈重。結果他就變成了一個「很壓抑的人」，最後他就得癌症了。

會情緒失控的人，也是類似的演化流程，只是他跟上述的壓抑模式，剛好是反過來的。例如剛開始他遇到一件小小不順心的事，本來只有一點點情緒，可是因為他的思考習慣是「要把情緒丟還給別人」，所以他就會立刻去對人家生氣和叨唸。當然問題通常不會因為這樣而解決，甚至還會弄得更糟，所以他就會愈來愈煩躁，你就會看到他慢慢變成愈罵愈大聲，情緒變成容易一觸即發。他「情緒的 EQ」便愈來愈低。

所謂「情緒 EQ 愈來愈低」的意思，就是他會愈來愈不克制自己的情緒，以致於到後來真的無法控制，就成了社會新聞裡面那種會發生「街頭大爆走」的事件的主角。

人生的向上走或是向下走，都是從這些「一念之間」的微小慣性，一點一滴累積出來的。剛開始你可能真的不知道這其間的因果關係，可是累積久了以後，自己會不會知道？其實也會，你自己其實會知道。那知道了要怎麼辦？就是你要有意識地告訴自己說：「我必須要改變。」你可以靠自己的努力去改變，或是求助於別人的智慧都可以，但就是不能夠放著不管。

不過很遺憾的，即便人生已經很卡了，會意識到「我必須要改變」的人，其實比例還是很低。因為很多人除非他的人生發生了重大的損失，例如得到末期癌症了、被另一半背叛拋棄了、家裡有人死了……他才會去驚覺，我的人生怎麼會走到這一步？

很多人如果沒有走到這一步，平常時候無論你怎麼規勸他、希望他改一改脾氣等等，他不但不接受，還會跟你反駁。這就是為什麼要救一個溺水的人很難，因為去玩水的人總是覺得「他可以」、「他不會有事」，他不想聽你的勸。可是等到他溺水的時候，你要去救他，他又會在無明之中亂抓，把你拖下去當墊背的。

所以該怎麼辦呢？對於我們在意的、關心的人，總不能眼睜睜看到他們跌了一大跤，才去「回頭是岸」吧？有沒有不需要等事情走到那一步，就可以在平常的日子裡一點一滴的改變他的方法呢？

其實還是有的，但你需要記住下面這個很重要的概念：

通常人不會對自己的不好去做改變，而是看到別人有好的，他會想要；從這個「想要」裡面，他才會願意去改變。

所以如果你試圖要去改變一個人，你要增強你的豐盛、你要增強你的光明；你要自己成長得更多、更明顯，讓他覺得你變得更好了，引發了他的察覺與好奇心時，在那些時機點，你才能夠去給他「一點點東西」、「一點點方向」。例如你才能跟他分享說：「我是怎麼怎麼做的……那你可以試試看。」你就會發現，在那些時候，他是願意接受的。那這樣，這個人就能夠在平日裡，接受你一點一滴的「分享」，逐漸改變他的軌道。

很多想要改變別人的人，一直以來的作法就是叫做「好說歹說」。但是為什麼成效不彰呢？因為你也是一直用你的「習慣」去做，而不瞭解改變人的這種「微積分」該怎麼進行。成效不彰不打緊，到後來還被那個人「拖下水」，變得愈來愈沮喪，或是愈來愈煩躁，搞得自己也嚴重失衡了（這個就是沒有智慧地，去「介入了人家的因果」）。

所以在這個世界上，「習慣」是最可怕的事。因為當你一直在習慣裡面，你就是睡著的。也許你正在沉淪、你正在變糟，或是正在被拖下去……可是你自己都不知道。

那麼，這些生活中大大小小，看似能夠讓你的生活運作下去，可是又不斷地在造成你的系統衝突、造成你的能量折損的習慣有哪些？你看見了嗎？如果你沒有看見，那就是你被你的「五蘊」遮蔽了，所以你就難逃相對的苦厄。

有人說，我看見了，但我就是改不了啊、放不下啊。不是的，其實問題還是因為「習慣」，因為你還是只看見了你「習慣看見」的部分，所以你的看見其實還很粗糙，沒有真的瞭解那些細節，因此你才沒有能力改變。

什麼是「那些細節」呢？就好比說，你覺得有一朵花很漂亮，你就「反射動作地」單單盯著那朵花研究，看它到底是怎麼樣組合出這個漂亮的樣子的。其實這種「反射動作」，就是你「看見的習慣」。可是你卻不知道，周邊陪襯的花草、裝花的容器、當下環境的光線角度，以及背景牆面的色調，甚至是你走進客廳以前，在玄關噴的香水所引發出的心理狀態……是這麼為數眾多又細緻的整體安排，才使得這一刻，讓你覺得這一朵花非常的美麗。

如果你看到了這些細節，你就是真的「看清楚了」。那麼你就可以隨心所欲地，看要讓哪一朵花成為那個「今日我最美」，你都可以重新改換各種元素去專門烘托它，讓它麻雀變鳳凰。很厲害的設計師都有能力這麼做到的。所以真的看到「那些細節」，你是會有「改變」與「創造」的能力的。

很多人聽到別人講話，他都很輕易地在心裡面說「我懂」、「我也知道」，然而如果你沒有改變別人或是改變自己的能力，你說的「懂」其實就只是一個表面，而不是真正的懂。

所以，**所有的力量都在細節裡**。而這些細節，很多是超出我們所習慣覺知的範圍的，這也就是為什麼我們不能自滿、要一直願意學習的原因。因為你的人生是每況愈下，還是可以不斷向上，關鍵就在覺知到這些尚待你去發覺的細節。

佛教裡面有一首「開經偈」，是每次你去聽師父講經說法、在正式進入經文的講解之前，師父都會帶著現場的信眾一起唸的：

無上甚深微妙法，
百千萬劫難遭遇，
我今見聞得受持，
願解如來真實意。

這首「開經偈」，有些人已經唸過不下千百遍，早已經滾瓜爛熟了。照理說裡面的意思「你都懂」，可是所謂「學習」的真諦就是：你會在你的「我都懂」裡面，又去看到你不懂的，然後才又變得更懂。所以，「開經偈」裡面的一句：「無上甚深微妙法」，其實是有個很多人還不懂的地方，而且這個地方，正好才是最重要的。

許多人在唸這句話的時候，重點會放在「無上」和「甚深」，認為這是在強調佛法的殊勝無雙，讓人升起尊敬之心。至於「微妙」呢？就當做是一個跟在後面的讚美詞，順帶唸過去就是了。其實，這個句子最重要的形容詞不是「無上甚深」，而正是「微妙」兩個字。

「無上甚深」說穿了只是讓你感覺「很高級」而已，就好像是在告訴你說，你在學的是「最高級的東西」，那你也會與有榮焉。可是「微妙」才是這個高級的法，真正高級的原因。

請仔細去思量「微妙」是什麼意思呢？「微」就是小，「妙」就是會出乎意料。它其實是在形容你所學習的佛法，若你一個不注意，是很容易搞錯的！是很容易在很微小的地方「差之毫釐、失之千里」的！這個才是「微妙法」的意思。

也就是說，真正高深的智慧，就是在生活中最微小的地方，它會有能力告訴你，你的哪一念是去成佛？哪一念是去輪迴？而這種分辨能力就是所謂的「覺醒」。可是難就難在這裡。也就是說，佛法之所以深奧，就是：常常你以為你「知道了」，可是你會在很小的地方，在生活中某個揚眉瞬目的一刻，你就頭腦了！你就搞錯了。

所以當你能夠進入你的習慣裡面，去練習看到你講這樣的一句話，和講那樣的一句話，所會通向的未來有什麼不同？你就是在學佛了。倘若你能夠連一個花錢心態的不同，都知道會對你的能量產生出什麼樣不同的循環、會吸引來什麼不同的平行宇宙？那麼你就是在學這個「無上甚深微妙法」。

當你能夠在生活中各種微小事情的抉擇裡面，分辨出這些看似微細卻又巨大的差異，你就會像是一個有能力跑到電腦後台，去修改電腦程式的程式設計師。你將有能力改寫電腦螢幕上的任何畫面，讓它們呈現出你想要的面貌。你就會很清楚在這個「電腦螢幕」中，上演的所謂的「現實世界」，全部都是「空」的。而所謂的「空」，不是什麼都沒有，而是「沒有限制」。

那麼這個讓你在學習了以後，人生能夠「沒有限制」的法，難道不是「無上甚深」之法嗎？它當然是。可是如果你沒有在微妙之處學習，那所有你對空性的理解，對《心經》、對《金剛經》……對任何一部佛經的理解——甚至你很會講經說法——那也只是「高來高去」的說文解字而已，不會讓你真的能夠走向「大慈大悲大雄力」的成佛之路。

所以像是《般若心經》，很多人覺得它很究竟、很深奧，覺得它很美。然而老實說，它也很沒有用處，因為你不知道怎麼去用。所以現今流傳得最廣的這部佛經，它最大的功能就是掛在牆上表現書法之美。

那你要怎麼知道《心經》的用處呢？除非你開始把學習佛法的重點，放在「微妙」；而非「無上甚深」上面去探究。太多人喜歡把重點放在想去意會「無上甚深」的東西，於是造就了一堆愛辯論、愛高談悟境、愛證明自己「懂得很究竟」的學佛者。可是他們在實際生活中轉動事情的能力，跟他們所高談闊論的自由與自在，差距卻很大。

當你願意很謙虛地，把學習佛法的場域，放在生活實際問題的處理裡面、放在利己利他的理想所要面對的現實問題裡面，這中間無論你是要去賺錢、處理家庭問題、或是實現理想……如果你都能在裡面去練習開啟你的覺，而能夠一直去面對你的功課，你就會真的成功地賺到錢、處理問題、做好事業、實現利己利他的理想。那麼你在這個過程中所累積的智慧，就是真實不虛的。這些智慧的累積還會讓你有一天，點連成線、線連成面，而達到佛的開悟。

這個路程就是「菩薩道」。而一步一腳印地去走這個路程的人，就是所謂的「菩薩」。菩薩在這個路程中為什麼能夠有所成就？就是因為他透過這個過程，讓自己的覺已經細緻到「量子」的層次了。

所以可以這麼說：整個「菩薩道」就是在利己利他的理想下，去學習這個「微妙之法」。

透過這個「微妙之法」，你的人生將會變成一場「利己利他」的奇蹟，讓你愈來愈充滿內在的平安與外在的豐盛。佛法就是一場「微妙之法」的實證與體悟，而這其中最大的收穫，就是當你對這「微妙之法」愈通透，你就會對「所有人皆能成佛」具有愈來愈深刻的把握與信心。那麼在你心底潛藏的各種對這個人世間的「悲」，都會一一化成了可以微笑並等待的「慈」。這樣的明白與無念，卻又有無窮的創造力的一種存在狀態，就是我衷心希望，大家可以去證入的「本來面目」。

所以我與M將為所有的未來佛：也就是還在探索著生命最大可能性的你，繼續著這份啟明的傳承。讓高靈「無上甚深微妙法」的千手千眼，去喚醒你的心，直到你也活出那個真正尊貴的自己。

章成
二〇一九年十月三十一日寫於台中

第一章

觀自在菩薩。行深般若波羅蜜多時。照見五蘊皆空。度一切苦厄。

金錢的祕密

為什麼過年的時候，要說「恭喜發財」？
它其實有兩種意思，第一個是：
恭喜你發達了、你發財了！

然而，其實還有另一個意思：
恭喜你！你有能力可以發給人家錢財了。

懂得這個意思的人，他金錢的「太極」
才會運轉得起來。
而這句話的第一個意義，
也才會實現。

「可以發給人家錢財」
就表示你有餘裕，

你過得很好、你正在發財當中。
然而大部分的人的想法都是：
我賺了錢，那錢就是「我自己的了」；
我才不要給別人，要把它存起來。
所以「恭喜發財」的第二個意思，
他們就體會不到。

又有句俗諺說：「一年之計在於春。」
是說整個一年裡面，
最重要、最關鍵的時段
就是一年的開始。
也就大約是
大家在過農曆春節的期間。

所以就能量、就運勢的智慧而言，
當大家都在慶祝春節的時候，

你如何做？
你的心境為何？
對你這一年是會有很大的影響的。
然而現在很多人卻盡量避免碰到，
在春節的時候得去發紅包的場合。
其實這對自己這一年的運勢，
並不是一件好事，
可惜大部分人都不知道。

以前的人，
尤其是做生意的老闆都知道，
過年就是要去花錢、要去灑鈔票。
為什麼呢？
主要是你有一個「紅」，
也就是有一個「喜悅」分享出去。
而這就是那個「吸引力法則」：

你發出去的財，
今年就會幫你加倍咬回來。

本來「紅包」就是一個心意，
不在於裡面包多少。
但是在過年期間，
當你的內心是以慶祝、以感謝，
以這樣有餘裕的心境去廣發善財時，
那麼來年你的財運、
你的一切
就又會更豐盛。

這是古時候
很多別人覺得他們很有福氣的大老闆，
都在做的「祕密」。
所以過年的時候去發紅包，

其實是在給你自己「補運」的。

但是到了現在，
很多人發紅包的心情卻是：
只看到自己眼前在花錢，他就捨不得了。
他覺得自己賺的錢是「自己的」，
應該自己留著。
他不明白，
金錢其實是一個能量之流，
要用分享的心態，才能去形成那個
會愈滾愈大的良性循環。

所以每年春節，
如果你想要改運，你也可以去發紅包。
不是只發給你的父母、小孩、親戚……
你覺得哪些人平常對你有貢獻、有幫助，

先想想看他們對你
曾經做了什麼？
你就以這份心情，
去發給他們紅包，金額大小不拘。

重點是，
主動讓你的金錢，能夠在感謝中流動。
看見他們開心的表情，
使自己也開心。
若這樣子做，
你整年的運勢就會往上提升了。

請記住
金錢是一個能量之流。
雖然「能量之流」是看不到的，
但是自古以來，

這卻是很多真正過得很豐盛的前人，
體會出來的「經驗學」。

量子力學VS古老的習俗

其實，很多的習俗，
就是在世世代代無數的日出日落之間，
人們將所體會到的經驗法則，
化為可以遵循以及方便傳承的作法，
來實現他們想要的
「吸引力法則」。

雖然有些已經不合時宜，應該淘汰，
但也有很多是蘊含著，
人類長時間和宇宙一起運行之後，
所感悟到的智慧。

只是一代傳一代之後，
很多人已經不瞭解它真正的內涵，

只看到形式、而流於形式……
最後樓就歪了，
變成了空殼子。

所以很多人就覺得，
那些習俗
甚至是一種「不科學的」陋俗。

其實，人類所謂的「科學發達」，
也只是近兩百年而已。
然後就以所謂的「科學」，把過去許多的習俗否定掉了。
可是「科學」自己
也在改變觀點。
從「牛頓力學」的世界觀，
改變到「相對論」的世界觀，
直到現在最頂尖的發現，

則是「量子力學」。
可是，
「量子力學」裡面所談的力學，等於又回到了「統計學」。
而統計學是什麼呢？
就是基於實際觀察的經驗累積，
所歸納出來的規則。

所以你會發現，
量子力學所證實的世界，跟這些古老的習俗與說法，
有著許多不謀而合的重疊。
因為許多習俗的作法，
命理、星象……
就是以前的人經過世世代代，
累積了生活中很多實際的觀察、實際的經驗，
所感悟出來的學問。
他們沒有現在的統計學，

但是這些「感悟」，
就是一種長期體會、觀察之後的統計。

講這些，希望告訴大家的重點就是：
如果你有在日常生活中睜開眼，
去體察一切，
這會遠比你去「盡信書」、
遠比你從現成的知識裡面去獲得的那些「結論」，
還要真實。
而這就是人在這個世界上
要進行所謂的「修行」，
最需要具備的觀點。

莫被「當代的五蘊」所覆蓋

因此，當代的知識，
當然裡面有很多珍貴的東西，你可以去參考，
它們會帶給你一些，讓你可以成長的拼圖。
然而這些拼圖
並不會是全部。
如果你沒有從對生活的敏銳覺察，
所帶來的那些
「直覺性」的拼圖，
你就會卡死在你所接受的知識訓練；
被你在當代所「閱讀到」的那些觀念障礙，
甚至欺騙。
那你的「太極」就無法運轉。（註）

人在任何領域能夠運轉得通暢，首先就是因為，

（註）指打破當代的「黑白」、「好壞」、「善惡」的觀念對立，
因而轉動僵局，向更高階的生命智慧演化。

他的觀念
在那個領域裡面不會觸礁、不會被卡死，
外在的運轉才能通暢。
你就想像你在唸書的時候，
假如你的書代表著一股能量，而你的生活是另一股；
倘若這兩股能量接觸的時候，
它們不是相輔相成，而是互相抵觸的，
那麼就會變成亂流，造成你的心智四分五裂，
實現為生活上的混亂情形。

就像現代醫學的觀念，也深刻影響著當代人的飲食行為、醫療行為。
如果這些醫學觀念是一股能量，
而人的肉體是另一股；
那麼當它們交會的時候，
究竟人是從中得益呢？還是開始發現，
很多難解的弊害：

癌症、過敏、慢性疾病……
為什麼以前很少，現在反而愈來愈多？
以及很多對於身體的不調，可以自救的方法，
為什麼老一輩的人知道，
現在的年輕人，卻已經接觸不到了？
還有醫療體系中，最頂尖的學者，
為什麼紛紛回過頭去研究，
古早時期流傳下來的種種說法？

同樣的，
這兩百年來的所謂科學上的「地球科學」，
其實只是去研究了
地球很表面的、薄薄一層皮的學問。
遠未觸及，
千年以前的星象、風水、命盤等等，
對宇宙與人類之間

交互影響的實際發現。

所以以前流傳下來的東西，雖然有些像是八股，
可是也有很多是比當代科學
更「觀察入微」的觀察，
是你可以去參考、去瞭解與研究的。

當然這些東西也一樣，不該變成你的迷信。
你可以用它們所講的一些原理，
來觀察這樣做或那樣做，
對於你的人生，是不是真的有比較好？
或是真的有比較不好？
那麼你就可以從你自己的實證裡面，
把這些現在科學還不能解釋的、
卻其實是遠古智慧的東西，
放入你的日常生活。

讓它們和「當代知識」之間，有一個對照和互動。
於是你就會發現，自己更能夠具有獨立思考的空間，
以及更懂得
如何去平衡現代生活之缺。

只相信「當代主流知識」的人，
也就會是
各種「當代疾病」、「當代問題」的主流罹患者。
因為你所相信的「當代」，它的失衡之處你看不出來，
你自然也就沒有對策
可以去平衡了。

一味擁護「當代知識」的人，
總認為被大社會「認證」的，就是最正確的。
可是他們卻忘了，

僅僅只要五十年，
人們就會開始嘲笑五十年前的許多觀念，
是如何地荒謬狹窄、被政治操控。
而當時的醫藥知識，
又是如何地被利益團體歪曲、欺騙，
以致於延誤了許多人的病情。
還有從小唸到大
許多一直以為是真理的天文地理知識，
也是如何地錯謬。

那麼他們現在也是如此啊。

其實所謂的主流，
就是當代的「色、受、想、行、識」的累積；
就是讓你習焉不察的「五蘊」。
這個當代的主流把你「覆蓋」，

讓你被籠罩在這個範圍內思考與反應，
你就無法避免地落入
這個時代集體的恐懼、集體的苦惱、集體的病痛、集體的追求……
而無法超脫。

所以，人生的太極要能夠運轉，
要能夠超脫這個當代
早已植入在你腦中的覆蓋，
你就要一直有辦法，
讓「對照」存在。
如此你的內心才會擘開獨立的空間，
去感悟到你自己
下一個平衡生命的出口在哪裡？

宇宙的奧妙、《心經》的珍貴，
都在上面這一段話裡。

也就是說，你的人生如果要提升，
脫離每個層次的困頓，
你就要去對你的生活「觀察入微」，
去體會「量子力學」的存在。
這樣它一定會打破你的頭腦，
打破你的觀念框架，
開創你更大的格局。
那麼你的能量才能夠流動到，真的能夠讓你
往更豐盛的方向去走的路徑。

讓你的「財」，去經驗天堂法則

例如說，就以金錢的豐盛來講，
「財」這個字
左邊是一個「貝」，也就是錢；
右邊是一個「才」，也就是才能。
所以「財」不局限非得是金錢，
你的「金錢」加上「才能」以後，變成的各種東西，
都是財。
所以「文化」是一種財、
知識是一種「財」、
你用金錢加上自己的眼光去挑選的禮物，
那也是「財」。

因此之前雖然說
人要提升運勢，可以去發給人家紅包。

但你去提供人家好的知識、用你的才能去幫人家一把，
或是聖誕節送禮物給人家……
這些都是去「發財」。

「財」就是一種好的能量，
過去的人在世世代代所累積出來的觀察後，
他們知道，
你有讓它流動出去，也就是你有去付出，
它就會再流回來。

所以我們常常講的「感謝＋反省＝奉獻」，(註)
它就是一種不斷付出又回流，
可是卻會愈滾愈大的
善的能量流。
在這個能量流還小的時候，
你會看到你自己這個個人

（註）請參閱《奉獻》一書，章成、M．FAN 著。（商周出版）

變得很豐盛。
但是當這個能量流愈滾愈大的時候，
你也會變成是在為整個國家、社會，
為整個人類在奉獻，
讓大家的生活都變得更好。

本來每個人因為自己所在的位置，能給這個社會的貢獻，
角度都不一樣。
這些角度加起來，就會讓我們大家，
生活在一個面面俱到的美好世界。
如果大家都能夠瞭解這點，
人就會去修善。
他的心就會回到善念中去體會生活，
然後他自己就會看到更多
「天堂法則」的存在。

「天堂法則」最重要的特徵之一
就是：你付出愈多，反而獲得愈多。
當你是在為別人的福祉付出的時候，
不管陽德、陰德……你都是一直在累積，
所以你就會一直豐盛下去。

亞洲人可能是在過年的時候發紅包，
歐美人則是在聖誕節的時候送禮物，
這些都是「去發財」。
而它的本意，
其實是遵循著天堂法則的智慧而有的。

所以即便再怎麼沒有錢的人，
過年你包個「一元復始」去給予人家祝福，
這都是「發財」。
最重要的就是，你有讓善意去流動，

而不在於金錢的數額，
只要給出你的能力可以給的
就行了。

並且，如果你願意的話，
任何人你都可以給，包括乞丐也可以給。
你有這麼做過的話，這裡面會有什麼能量，
你就會體驗得到，
你就會感覺到自己能量上的轉變。
如果是重視聖誕節的西方人，
你就要去發送禮物，對陌生人也一樣可以。
那你就會感受到一種更深的合一
所帶來的喜悅。

難道你沒有發現嗎？
地球上無論哪個種族、哪種文化，

大家不約而同，
都會有這種「要去給予」的節日，
只是放在不同的典故裡面、在不同的日期進行。
為什麼會這樣呢？
這不是科學能夠解釋的，可是這就是人類的集體意識，
從古至今，
便一直知道「該去這麼做會比較好」的智慧，
所以就會在習俗裡面誕生出來。

能量時時更新的人，就是「日日是好日」

那麼所謂的「一年之計在於春」，
也是一樣的意思。
南半球和北半球的春天，以鐘錶上來講
是在不一樣的時間。
可是就每個地方的能量變化來講，
就是指那個冬天已盡、春天開始的時節。
在這個時節，
如果你有讓你的能量，
上到你想要上的那條軌道的話，
你這一年就會比較順利地
運行在這條軌道上。
這就是「一年之計在於春」的意義。
然而
這也不是現在的科學能夠解釋的，

但是人類的內在
已經累積出這樣的知曉。

比較容易觀察的，
則是「一日之計在於晨」。
當人從睡夢中甦醒的時候，就像是初春的時節，
身體又開始復甦了、思緒又開始清晰了……
這時候如果先把今天一天，
有些什麼事必須完成？
該如何規劃一天的行程……等等
這些東西先想過一遍，
在心裡面稍做了安排。
你就會發現，
今天會過得比較有效率和充實。
但是所謂的「晨」

是什麼時間？

這就要看每一個區域「相對的因果」的不同，

而有不同了。

例如有些緯度很高的國家

到了冬天，甚至一天之中，

只有四個小時是白天。

那麼這個「晨」

並不一定指的是太陽剛升起的黎明，

而是指他們剛從睡夢的休息中，

甦醒過來的時刻。

「一年之計在於春、一日之計在於晨」，

指出了對於一般大眾而言，

整理自己的最佳時機。

把握這個時間點，

會對自己接下來的發展最有幫助。

但如果你是一個開悟的人，
這個法則就不適用、也不需要了。
因為你的每天、每個時刻都是新的開始，
你的能量是一直在更新的。
所以這個諺語的目的，
是因為一般人的能量比較容易每況愈下，
所以提醒他們
要在什麼時候去啟動自己，
他的能量才會最容易保持下去。

對於能量一直有在更新的人，
他的日子就會是所謂的「日日是好日」。
而「日日是好日」的真義也正是如此。
所以
如果你沒有辦法時時更新你的能量，
那麼這句話，

只是一句很美的話而已。
你是無法體認到的。

「日日是好日」的人，也就根本不會想要算命。
會去算命，
就是你的生命中有一塊
你覺得過得不好，所以才要算。
而算命真正的目的，
其實也是你想要在這個低落的部分，
能夠啟動你的能量，
讓你這個部分能夠過得更輕鬆、更有餘裕。

所以算命中所說的這些命理，
有沒有道理呢？有的。
可是如果是一個開悟的、
已經可以享受到「日日是好日」的人，

基本上他所做的一切，
都是在對人生產生好的循環的了。
那麼當一個人
已經是用最好的方式在對待自己和別人的時候，
他就不會想要算命了。

簡單說，天堂裡的人每天都在天堂，
他不會去算命的；
是在地獄裡面的人，因為想去天堂，
才會想要透過算命，去知道以他目前的相對位置，
可以怎麼做，才能慢慢走上去。
這就是所謂的「指點迷津」。

所以這裡就解答了，
既然佛說「人人都可以成佛」，
為什麼有的人成了佛，有的人卻沒有？

因為可以去成佛的人，
就是可以一直讓自己的身心，
往「日日是好日」這個軌道去靠近的人。
而不能成佛的人，就是他每次向前走兩步，
過了幾天「日日是好日」的日子，
接下來自己的智慧能力，
通不過的事情一多，
他就又退三步去了。

所以這個世界上也有很多不同的提醒，一直存在著，
幫助人們再修正回來，
讓人們可以再度向著「日日是好日」靠近。
這些一直存在著的提醒，
一直在教人怎麼去看懂
自己日子變壞的原因，
提醒人要如何「回頭是岸」。

當你在苦裡面受到了提醒，如果有去做一點點，
你就會吃到一點點的甜頭；
佛菩薩就是這樣不斷地運用各種善巧方便，
把你一點一點地，
逐漸拉回到
「感謝＋反省＝奉獻」的這條軌道上去。
等到你
很穩定地走在這條軌道上的時候，
你就會明顯看到
自己就像重生一般，
開始展開一個跟過去很不一樣，
卻充滿著「好日子」的人生了。
那麼你就可以看到自己以前的視野和思想，
是多麼的局限；

同時也會相信這世界上真的還有更多、
更大的智慧，
是可以讓人生活在
讓你愈來愈自由的創造裡面的。
那你就會願意一直學上去了。

所以給自己嚐到「天堂法則」的甜頭，
是非常重要的。
因為那就會成為你再進一步的動力，
讓你會願意
再去體驗更多。
這就像有碰過真實靈異經驗的人，
就會相信，人不是只在有身體的時候
才是「活著的」；
你會相信還有另一個世界的存在。

世世代代所留下來的許多習俗之中，
雖然也有基於恐懼的迷信，
但也有基於「天堂法則」的靈性原理，
所遺留下來的拼圖。
如果你回到善念去感覺，
你會知道哪些是對的，只是當代的社會價值，
已經忽視了。
那麼當你能夠
再去實踐它們本來的意義，
你會發現，
你找到了平衡當代苦厄的出口。
還不只如此，
還有更多的豐盛，開始出現在
你曾經想都不敢想的生活面向當中。

靈性原理，就是古人從生活中體認到的「量子現象」

當人年紀活得愈老，
就愈有機會去遇到
無法以「科學」、或是「偶然」
去解釋的事情。
那麼，一樣的道理，
自古以來這些經驗，也一樣會累積起來，
形成各種非科學的感悟
或是法則的歸納。

例如死者會托夢、頭七會回來、
或是如何超渡亡魂等等的事情。
而人類裡面也會有開悟的人，
明白其中的原理，
便去給出一些方便的詮釋，

讓人們能夠從裡面去一窺「因果」，
瞭解自己該如何修行。

量子力學，以及量子不可思議的現象，
已經被科學實驗證實。
這裡的訊息，
則是把量子力學還原到生活的現場，
讓你知道宇宙的真相，
本來就比較接近量子科學的發現，
而不是牛頓力學。
讓你知道，在宗教、習俗的領域裡面，
其實一直都是在歸納著，
人類從生活的現場
所實際體認出來的「量子現象」。
所以這些宗教或習俗所意欲顯示的原理，
它們不是不科學，

而是超前於科學。

任何人
如果能夠細心地觀察生活，
包括自己與他人的人生，
就會看到「無形的世界」的存在。
例如「同步性奇蹟」、「心電感應」、「天體運行與人的遭遇的關聯」……
　等等，
也就是可以形容為：
他會意識到「量子世界」的力學現象的存在，
那是超越「牛頓力學」的觀念的。

所謂的「無形的世界」
再一個生活化的例子，
就是「平行宇宙」。
同一條街上，明明是同一個時刻，

有的人的智慧，讓他有著正活在天堂的感覺；
有的人的無明，卻讓他如同置身地獄。

當你是那個因為有智慧
而活在天堂感受的人，
你是看得到同一個時間、同一條街上，
他人的地獄的。
因為你的智慧，你看得懂那個認為自己沒有選擇的人，
所擁有的選擇；
甚至還不只一個選擇。
可是那個活在地獄的人，卻看不到，
他完全不相信，
他其實沒有必要活在他的境界裡面。
所以如果你是那個活在天堂的人，
你會經常看見，

這個無形的「分隔」。
而造成這個「分隔」的力量，
就是「量子力學」背後的那個力量，
那是同一個原理。

是什麼力量呢？
就是「注意力」。
原來「注意」也是力量。

同一個當下，
兩個人活在如此不同境界的「平行宇宙」，
正是因為他們那遵循著量子力學的「念力」，
所造成的重力場不同。

那麼所謂「活在天堂的人」，
就是有智慧在任何事情上，

「看到出口」的人。
當大家都陷在自己的念力
所造就的平行宇宙裡，
沒有辦法去意識到其他的可能性時，
他則是一個有自由去這樣看到、
也可以那樣看到的人。
那這樣的人
就不會被他的家庭、他的社會、他身處的時代，
去「置入」與「累積」各種
讓他的生命必須受苦、必須衝突、必須感到
「有很多必須」的信念。

這個可以有「看見的自由」的人，
就稱為「觀自在菩薩」。
因為他學習了，像蓮花瓣一般，
從四面八方、各個角度去看一件事情的智慧。

他就不會被來自四面八方，
自己的前世、自己的家庭、自己生長的社會所謂的「主流」，
所累積的各種
限制性的「想法」與「氛圍」所遮蔽。
他就不會在這些人云亦云的催眠下
去看、去聽、去聞、去嚐、去體會、
去做決定。

所以他就能夠幫助自己，
免於這些催眠所能夠加諸於他的
任何的陷阱、
苦難以及災禍。

這個就是：
觀自在菩薩。行深般若波羅蜜多時。
「照見」「五蘊」皆空。

度一切苦厄。

第二章

舍利子。色不異空。空不異色。色即是空。空即是色。受想行識。亦復如是。舍利子。是諸法空相。不生不滅。不垢不淨。不增不減。

不斷穿越黑與白、對與錯，就叫做開悟

會讓你能力增強的學習，
就是在你已經會的地方，去看到更細微的宇宙。
也就是在你原本以為已經懂得的地方，
又剝了一層洋蔥，
看到了更深層的意義，以及你還不會的地方。
就如同你從「牛頓力學」所理解的世界裡面，
又發現了量子的現象。
這樣就是你在往上提升。

所以「學習人生的智慧」，
就是在你原先懂得的地方，又可以瞭解它更深層的意義。
當你瞭解更深層的意義，你會發現自己有一個自然的轉變，
就是：你會打開更多內心的空間，
讓你對很多事情更有保留地去看、去研究，

而不會讓「我懂」
成為你學習的句點。

例如當你看見事物中的「黑」，
卻願意更深入那個黑，再去瞭解，
你就明白在那個黑裡面，
其實有著更深層次的「白」。
這時候你就會變得
比之前的你具有更深層次的慈悲。

然而在這個白的裡面，你就相信
又會有再更深層次的黑……
也就是那個「相反之物」的存在。
然後你就又鑽進這個白裡面去，果然又再度看見更深層次的黑……
那麼，
你就是已經在運轉你智慧的太極了。

例如有些人一直渴望去坐上某些位置，
他常常在想，
那些位置上的人所做的事情
「我也都會」，
可是那只是他自己以片面的角度
所認為的「我也會」。

可是他的自滿，
讓他學習的那個心門
就關起來了。
於是他就一直不能夠瞭解，
要坐上那個位置
所需要修練的各種角度。
也於是他的所作所為，
雖然一直努力想去證明「我可以」，

卻一直被人家在心裡面畫叉叉，
畫在他無形的命運裡。

除非有一天，
他看見了在那些位置的人，
有比他更多的付出
和收斂；
有比他更多的柔軟
和堅持。
他才會在做人處事更細微的地方
去意識到人家跟自己的不同。
例如說，
原來自己所認為的「對」，
可能在更細緻的層次，
會變成是錯的。
而那個他原來認為的人家的「錯」，

在更宏觀的層次裡，
卻變成是「對」的。

「色不異空，空不異色；色即是空，空即是色」
其實就是在講這個。

你可以不斷看到黑裡面的白，
又可以不斷看到白裡面更深層的黑。
隨著你的「看見」愈來愈高，
這是你不斷重複著顛覆自己，
然後變得更中性的歷程。（註）

因此真正深沉的、有智慧的覺醒，
正像是車子走在群山之間，穿越著一座一座的隧道，
明與暗交錯，撲面而來。
一下子白、一下子黑……
一下子黑、一下子白……

（註）這個「中性」，就是龍樹菩薩的「中觀」。也就是真正在人生閱歷中體悟了「色即是空，空即是色」。

像這樣一直在穿越原先的「看見」，
變成「更看得見」。
這個就是佛經所謂的
「甚深智慧」。

而在黑、白、黑、白……的流動與交錯裡面穿越著，
這個就叫做「開悟」。

所以
在很多你認為已經懂得的地方，
更細緻地再去進行一層又一層，
更深層次的學習，
你就會體驗到這個黑白交錯的隧道。
然後你就會具備
所謂「一沙一世界」的能力。

也就是你將會變成
可以從一件很微小的事，
就看到整面的拼圖。
這就是同時擁有
「他心通」、「千里眼」與「順風耳」了。

奇蹟，是屬於為別人著想的人

宗教圈，或者是靈修圈裡，
總有一群一直在追尋「奇人異士」的人。
他們總是期待著碰到什麼大師、活佛
給他一加持、一灌頂，
他就奇經八脈都打通，
他就「都會了」。

他們一天到晚都在幻想
坐上那個修為很高的「位置」，
他們渴望的「奇蹟」就是這個。
可是說穿了，
那所謂的奇蹟
就是你想要不勞而獲，
有一個東西可以直接「下載」進來，

你就有了。

那麼，這種事情到底有沒有呢？
是有的，這就是所謂的「非線性」。
但是這種非線性的成長，
不是他們用頭腦的方式這樣去追逐、
去期待
可以求到的。
這種「直接下載」的非線性模式，
是除非你真的從「心」裡面，
去感受到別人的需求，
然後你願意為別人奉獻，
而不是為自己的時候，
你才能夠有這個「跳躍」。

因為「奇蹟」是屬於天堂的模式，

而天堂裡的人
都是在為別人。

所以「奇蹟」會怎麼發生呢？
當你在平常的生活裡面，
有在感謝、有在反省、有去奉獻，
於是在這條奉獻之路上
有需求來，需要你去解決的時候，
你就能夠有那個「神來一筆」的靈感，
知道可以怎麼做。

因為奇蹟，
是在你對別人有著真正的善念之下，
神也對你做出的奉獻。

所以為什麼自古以來，

神佛一直在講「心存善念，福氣綿延」？
原因在此。
只要你一直都是心存善念，
甚至你心中無求，也沒有非要什麼，
有很多好事情的機緣，
也會自己靠近過來給你，
這個就是「非線性的下載」。

而一個有智慧的人，
當有這種天上掉下來的機遇時，
他也不會沾沾自喜。
因為他知道
在這個看似為「白」的好機遇裡面，
一定有那個「黑」，
是接下來的階段
他所要學習的功課。

所以如果有喜悅的話，他的喜悅會是：
「我又有機會學到更多東西了！」

很多人突然得到一個位置，他就立刻沾沾自喜，
覺得走路有風。
有的人則是覺得，這代表接下來
絕對會有更進階的東西要學習。
這個一線之隔，
就是人家說的「一念成魔，一念成佛」。
兩人未來的發展，
就此走向非常不同的風景。

前者會被自己認為的「成功經驗」
所構成的「五蘊」所遮蔽，
所以他就沒有辦法在這個新的位置，
繼續學上去。

可是他又一直在用那個自豪的能量，
去踩周遭的人，
事實上便加深了
他自己潛意識的不安全感。

他會變得愈來愈怕輸、愈來愈計較、愈來愈會不懂裝懂，
假裝強大。

可是他的那個能量，
已經讓周遭人的心門，一一對他關閉，
並且打開了對他的惡念。
大家變成不是想幫他，都是想伸手進去拿。

所以「走路有風」的魔，
也總是住在地獄裡的。

而「一念成佛」的後者

則會看見，他的獲得很明顯地
還有著許許多多不是因為他自己
就可以辦得到的助力。
回頭細數，是有太多要感謝的人與機緣了。
所以他自然會覺得，
有了現在的成果，
他更要去分享、去提攜別人。
同時面對著新的位置，
更代表著接下來有更多東西要學習。

那麼當他去這樣分享、這樣去學習的時候，
就會讓他更看見，
別人與自己心中的黑與白，
原來也不是他之前
所以為的那麼單純。
然後他也就開始了那個

穿越「黑與白隧道」的
開悟的旅程。

在這個旅程裡，
他變得愈來愈有「慈」，
卻同時愈來愈能夠駕馭人間的一切，
而能夠把一切的「黑」與「白」，
都轉動成利己利他的自由自在，
這就是成佛了。

所以為什麼
「心存善念」如此重要？
因為它的功效就是：
讓你在那佛魔一線之隔的當口，
走向成佛的軌道，
不會切入成魔的陡坡。

學習的目的，就是給自己自由

當兵的時候，
常常會有那種被笑是「天兵」的人，
卻抽到最令人羨慕的涼缺。
而表現得最優秀的那些，
也總是抽到所謂最操的單位。
其實後者並不是壞事，
它正代表著這些人
要往更高的層次去學習。

所以一般人所謂的「肥缺」、「涼缺」，
那是好逸惡勞的頭腦所認為的。
天兵去了那個涼缺，
他的人生是繼續睡著與停頓的；
可是那些頭腦所謂的苦差事，

人家進去以後，
其實是往靈魂智慧的
更高層次去學習的。

「塞翁失馬，焉知非福」
就是這個意思。
如果你在人生中
一直秉持著「學習」的態度的話，
那不管你是得馬或是失馬，
對你而言都會是福氣。

也就是說，
不管別人口中形容的那些事情
是怎樣的絆腳石，
到你這裡都會變成
你人生的墊腳石。

所以人家眼中想要逃避掉、推給別人的麻煩，
在塞翁的眼裡
都不會覺得是麻煩，
反而會覺得是開心的。
因為他知道，
自己若是去面對了、去做了以後，
會讓他更豐盛上去。
而這個「豐盛」
並不需要等待到未來的報償，
是在他「智慧增長」的當下，
那份喜悅
已經滋養了靈魂。

這其實跟你打電動，一直在學習破關
是一樣的。

在學習怎麼破關的過程本身，
就會帶給你許多的樂趣。
你會享受於打破自己很多限制
所獲得的驚喜。
當然破關之後也會有寶物，
但那並不是主要的樂趣所在。

所以這些喜悅的精髓是什麼呢？
就是你把人家覺得的障礙，
變成了「不存在」；
你把好像「沒有自由」的地方
變成了「有自由」。
那你就會從這個旅程實際地看見
一切都只是角度的問題。

也就是說，

那個「一切」是什麼？
就看你站在什麼角度去看，
站在什麼程度去看。
所以「色不異空」，
「空不異色」。
你所看見的（色）、感受的（受）、所以為的（想）、所習慣的（行）、所
　烙印的（識）
「一切」
都是這樣。

「空」，就是能夠運轉情境的那個自由與格局

這個物理的世界，本來就是無常的。
可是如果你現在能夠安穩地度過每一天，
那就是因為
有很多人一直在幫你承擔掉、消除掉
這些無常的部分。

例如交通運輸工具的監控人員，
要隨時留意有沒有異常訊號，
好讓行車能夠正常。
餐廳的主管，
要退掉不新鮮的食材，為餐廳的衛生把關，
才能避免你吃壞肚子。
還有無數你知道與不知道的人，
都在付出心神與體力；

維修、保養、監控、升級……
各種每日生活中
你皆須依賴的事物，
你的一天才能沒有障礙與危險，
順利地度過。

偶然間，有一次，你到郵局去辦事情時，
竟然遇到電腦大當機了，
就在剛好輪到你的時候。
結果你等了超乎預期的時間，
還繼續要等。
現在在社會新聞中常常看到，會有人就開罵起來，
讓第一線的櫃臺服務者
承受很大的壓力。

其實，這種事情就是無常，

它是偶爾會發生的。
只是它發生的時刻，剛好碰到要輪到你而已。
而那個櫃臺的辦事員，本來是要服務你的，
電腦當機也並不是他所願。
所以有些民眾，反而會用些幽默感，
讓櫃臺的服務人員感覺到
被友善地對待，
不必因為怕被遷怒而有壓力。

這就是天堂與地獄的差別。
當你的心可以理解到，
電腦系統再怎麼發達，這些事還是會發生的，
那你就會覺得
不用去責怪誰，只要去想現在你可以怎麼做？
那你甚至可以去照顧你對面的這個
正在擔心你會不高興的人。

他可能也正在感覺無奈，那你也可以去化解這個尷尬，
為什麼呢？
因為他就是正在服務你的人，他是正要為你提供貢獻的人。
那麼，誰說你是顧客，
你就不能在這個當下
服務他呢？

你是顧客，誰說你就不能服務那個
本來要服務你的人呢？
「是諸法空相」
就是在講這個。

《心經》就是在講這個
「轉境」的自由。
如果你願意在這個時候去服務他、為他做這點奉獻，

你在這個當下，
就已經是在《心經》所描述的
「空」的境界裡面了。
那你不用去讀《心經》，不用去把《心經》抄一千遍，
因為這個就是心經。

轉境的自由，在於覺知到你的豐盛

如果你有覺醒，你會知道，
世界上千千萬萬的人，都是在服務你的這一刻，
讓你可以繼續到你的下一刻去的。

比如你今天走過百貨公司，那裡有一棵聖誕樹，
那就是為了要讓你看到、覺得美麗
而放在那裡的。
雖然你說，人家是為了做生意。
可是拿起手機來，
在聖誕樹前面自拍了以後，上傳到社群媒體的人，
是誰呢？

即使只是拍了一張美照，
這也是

我們對這個世界的索取。
我們每天都從這個世界索取了許多東西。
所以要有意識地，
覺察到一個真相：
我們每天的生活，是一直在跟這個世界拿的。

有了這個覺察，我們再問自己：
那我給這個世界的貢獻有多少？
你就會發現，
我們向這個世界拿的，遠比我們所給的
要多太多、太多了。
也就是大家都在給你、都在成就你
存在的每一刻。

可是我們就因為覺得他們做得不足、做得不夠恰當，
總是在批評、總是在責難。

大部分過得不好的人，
都是這樣在責難別人
以及這個世界。
可是這種面對世界的姿勢，
沒有讓你自己
全身又痠又痛嗎？

如果你要擺脫過得不好的人生，
你就要學習「感謝＋反省＝奉獻」。
當這樣子做，
你會開始看到這個世界的美好，
而不會老是埋怨、老是嫌棄，
你會有滿滿的感謝，
以及
在你的角色裡面，
「我可以去為別人貢獻出什麼」的思考。

那你就不會讓自己
在競爭的遊戲裡面去跟人家搶，
搶那些自己明明都知道
不應該去搶的東西，
無論感情、金錢或名位。

很多人的人生
為什麼都是在搶、在爭？
因為從他心裡面看出去，別人都是壞的，
他就是只看這個點。

這個世界確實有黑的部分，
可是只看這個部分，你就看不到還有白的部分。
當你一直聚焦在黑的部分，
你的人生
就會一直在「地獄模式」裡面滾。

那你無論怎麼搶、怎麼爭，
實質的感覺
就是愈來愈差。
因為你會變成時時刻刻
都是在「拿刀插自己」。

何謂「拿刀插自己」？
一直在搶的人，
就會一直從別人的「得到」裡面
去覺得自己的「失敗」。
然後
當他也遇到另一個「拿刀插自己的人」，
那個人也不爽他去得到，
他們就會互相拿刀插來插去，正如宮鬥劇那樣演出。
難道這不是
在地獄裡面生活的樣子嗎？

為什麼你的人生
不是拿花去送給別人，然後你也就看到別人
拿花回送給你？
為什麼要選擇
彼此拿刀砍來砍去的人生呢？

又比如說，你走進了餐廳，在裡面歇腿用餐。
你也知道
有許多人正為了你這一刻的休息，
在忙進忙出。
雖然你說他們是為了一份薪水，
可是在這一刻
實際被服務的人，
是誰呢？

宇宙間每一件事物，
都在幫助你的這個當下。
如果你能夠看見這樣的「這一刻」，
你就能夠立刻看見幸福。

那麼你的心就能夠「轉」，
你就不會在一種窮酸的思想裡，
被「自己給自己插刀」以及「用言論攻擊別人」的習慣，
搞得愈過愈差。

人的心有能力轉境的關鍵，
就在於
能夠看見「豐盛的這一刻」。

在佛經裡面，佛陀說法的時候，
常常呼喚現場的聽眾為

「善男子、善女人」，
大家都覺得當然是在說自己。
可是當你可以看到別人
是「善男子」、「善女人」的那個部分時，
你也才會是那位「善男子」、「善女人」。

也就是說，當你學習智慧的時候，
你就會得到一種豐盛：
你可以看見別人是善男子、善女人，
所以你自己也會成為善男子、善女人。
而這樣的「看到」，
反而會使得你的能力
真正地開展，
讓你能夠一直地去「轉境」，
把原本對你而言的絆腳石，
統統變成了墊腳石。

那麼你的內外在
就一定會愈來愈走向豐盛，
錢財也會跟著進來。
這是在我們的《地藏經》裡面也有講的。（註）

（註）可參閱《地藏經：五濁惡世轉遍地寶藏，勝義般若經》P.151（商周出版）

只有自己可以救自己，就是「諸法空相」

就像一個十字路口，
同時有四輛車來到，而你是其中的一輛。
你的心裡如果想：
我慢個五秒通過沒關係，先讓別人走。
結果別人順利通過以後，
你也會安全的通過。
然而，
由於另外三部車體驗到你的「讓」了，
這裡面所種下的因果，
會使社會的共業提升，
往「禮讓」的方向去演化。

也就是將來你會發現，
很多時候別人也會讓你先走，

所以常常你也會只花兩秒鐘，
就通過十字路口了。

那麼如果你心裡想：我管他的……
趕快衝過去只要花兩秒，不用管別人。
雖然這一次
你會覺得你賺到了，你比別人快。
然而，
由於另外三部車體驗到你的「搶」了，
這裡面種下的社會共業，
就會往「搶奪」的方向去演化。
所以將來你就會發現：
大家都不讓、大家都要搶了。

再繼續演化下去，
就會是眾多車輛

大家都一起打結在十字路口上，
可以半小時、一小時、兩小時……
你們就會一直在那裡耗下去。

雖然這個寓言的喻意，聽起來好像很簡單。
可是實際應用到你的生活去的時候，
你就會看到，
很多時候、很多事情
你都是不讓的，
你都是在搶的，
你都是沒有想得很遠的。
你其實是在給自己
營造一個未來的地獄。

所以
如果你真的能夠想得很遠，

你就會知道：
沒有任何政黨、政治人物
可以救你和你的社會。
能夠救這個社會與你自己的，
只有你自己。

而「只有自己可以救自己」
就是在說，
一切本來都是沒有那個「不得已」。
你要讓什麼去增減、你要讓什麼去消長，
其實都是取決於你，
其實都是因為你。

「是諸法空相，不生不滅、不垢不淨、不增不減」
就是在說：
你的世界沒有「不得已」，

任何事情都是可以改變的。
是你在增減，
是你在決定它的好與壞，
決定它要往哪裡發展。
所以
只有你自己，可以救你自己。

所以地球教室
為什麼是一個有「時間」的地方？
同一件事要只花兩秒？
抑或是花兩個小時
才能夠通過？
還是乾脆變成僵局，
永遠都在那裡打死結？
你在這個教室裡面，
就被賦予了「時間」這樣的體驗能力，

要讓你在裡面看見因與果，
體驗到「退即是進」的奇妙，
體驗到「諸法空相」的自我負責。
而這就是
「時間」所要教給你的《心經》。

擺脫命運，才沒有白活一遭

在地獄的人不知道有天堂，
可是在天堂的人知道有地獄。
因為開悟的人
其實也是在地獄裡面，累積了很多教訓，
才能夠慢慢走向天堂。

當他到了天堂，
會看到以前很多事情，本來就可以事半功倍的，
自己卻聰明反被聰明誤，
都在做事倍功半的事情，搬石頭砸自己的腳。
於是當他看到人們
也在做同樣的事情，
就會哈哈大笑，
就像在看可愛動物的

「歡笑一籮筐」節目。
這就是彌勒佛。

人在天堂看事情，就好像在高空上
可以看得到地面的一切。
但如果你還在平地的話，
甚至連隔壁那一條路，有什麼人要走過來，
你都渾然不知。
直到你用空拍機
替你升空巡視的時候，
你才會開始發現很多
以前你看不到的事情。

例如原來別人的家，
跟你家竟然這麼地不一樣。
然後你就會感觸到：

如果你只是在馬路上
跟某個人擦身而過，
你大概永遠會以為
大家的家都差不多吧。

如果你能夠從高空俯視，
你會看見每個人
都活在他的「能量圈」裡。
這些能量圈是什麼型態，
就會有哪些人事物圍繞著他，
跟他產生順或不順。

所以說
為什麼算命對一般人來講會準？
因為命理就像是一台空拍機。
從命理的高度來看，

就可以看到每個人
其實都有他的一種能量的型態，
就類似於十二星座。
而某一種型態發生什麼樣事情的機率比較高，
是可以被知道的。

但是當你真正懂得《心經》，
你就懂得發揮「當下的力量」。
那麼算命就只能是，
算你的過去很準，未來卻算不準了。
倘使，一個人連算未來都一直會準，
那你這個人等於白活了，
今生的靈魂功課等於當掉。
因為你等於
從出生以後有了這個命盤，
你就劃下句點了！

你完全沒有脫離先天帶來的觀念的限制。

可是如果你此生的視野，
就像一台空拍機
有了「觀自在」，
可以開始飛上天空，飛來飛去到處察看，
那麼你的觀念就會一直突破，
離你先天的限制愈來愈遠，
別人就摸不到你、算不到你了。

因為自由是算不出來的。

「移動」，就能下載「自由」

有某些你的朋友，
東西都會亂吃、亂推薦，為什麼呢？
你知道，因為他們沒吃過真正好吃的。
同樣的道理，為什麼有很多人會變成酸民？
因為他們真的不知道有天堂。

如果一個人沒有過好的經驗，
就算已經生活在地獄了，
他自己也不知道。
很多學習心靈成長的人說：
「那我們不要去知道、不要去比較，
不就好了嗎？」
這個不叫做成長，
也不叫做「沒有分別心」，

這叫做「自甘墮落」。

明明看到人家在經驗
你覺得更美好的事物，
可是因為在你的生活中沒有，
你就叫自己不要去比較、不要去記得……

這個不是內心真正的自由，
這個是
不想要「不喜歡自己」的逃避而已。

想像一下，
如果你現在真的過得
比以前更自由、更有創造力、更豐盛，
你回過頭去回想過去的自己，
是不是就會知道：

那時的自己
是怎樣地自我設限，
讓自己過得比較狹窄、懶惰、保守？
你也會看到，
以前的你明明心裡面有著那些羨慕，
有著那些壓抑著的不滿足，
卻別過頭去，
想用各種最短暫、最簡易的方式，
讓自己安於原來的階段，
而不是去成長。
這其實是迂腐，而不是平安。
不是嗎？

這就像你如果沒有出過國，多看看，
你就會覺得「大家的生活都一樣」。
可是當你到過很多國家之後，

你就會清楚的知道，
原來生活方式有這麼多種！
原來人也可以用非常精采、非常豐富，
或是以非常靈活的方式生存。
還有，
原來空氣可以有多乾淨！
原來家庭可以有多尊重！
原來女人也可以這麼活！
原來男人也可以那樣過！
你會發現人是有這麼多選擇的。

但是如果你永遠只待在一個地方，
你就會一直用這個地方的觀念生活著。
那如果別人告訴你，你這樣的生活其實很局限、
你那樣的痛苦其實不必要……
你就會覺得他們好像否定了你，

你就會生氣、會酸回去。
這個難道不正是
所謂「井底之蛙」的自我感覺良好嗎？
所以你自己就和那個
可以過得更好的機會絕緣了。

所以就人來地球修行的目的而言，
「移動」是很重要的。
愈多的移動，你就能夠有愈多的學習。
那這個「移動」
就是太極圖的中間，黑白相倚之處，
那條S型的曲線
所要代表的。

那條S型的曲線，
它的意義就是移動、旋轉。

而太極的「黑」與「白」，
就象徵著你認為是處於對立面的事情。

所以太極圖要說的意義是：
你的人生要在「黑」與「白」之間
不斷地交錯經歷；
不斷地在事情裡面去看到「黑」，
也不斷地在事情裡面去看到「白」。

然後你就會有一個重大的發現：
原來所謂的「黑」與「白」，
它們永遠不會有誰「一直是對的」，
也不會有誰「一直是錯的」。

那麼《心經》說的
「是諸法空相，不垢不淨」
你就明白了。

學無止境，自由就無止境

現代人有了智慧型手機、有了網路、有了廉航，
就等於是擁有了千里眼、順風耳，與神足通了。
所以「移動」是指
你的雙腳可以移動，
你的觀念也可以移動。
你可以抬起頭到處去看、去經歷，
而不是低頭沉湎在手機遊戲裡面，
被人家設計的遊戲玩。

那麼人生也是一樣。
有的人生活在一個地區，
他就沉溺在那個地區給他的觀念、
那個社會給他植入的遊戲規則裡，
而不曉得這個世界有多大。

但有的人則不斷地接觸更廣闊的世界，
打破自己的觀念、學習新的事物，
這種移動就會讓他有智慧。
有智慧的話，你就會應驗古人所說的
「書中自有黃金屋」，
你的生涯發展一定會走向豐盛。
因為你就有能力看到人家現在需要什麼、未來需要什麼。
而倘若有人在騙你，想要用某些假消息坑殺你，
你就不會成為受害者，
因為你知道真正的浪頭在哪裡。

有在移動中產生能力的人，
他甚至可以在A地賺錢，卻在B地生活，
這就是更大的自由度。
以前沒有高鐵、沒有飛機的時代，這是不可能的。
但現在有了這些交通工具以後，實質上就做得到了。

可是

如果你的觀念還停留在過去，

你就不知道，早就有很多人

已經擁有了更多

選擇生活形態的自由。

所謂「未來的生活」，

為什麼大家會嚮往？

不就是因為它擁有更大的自由度？

而這個自由度，

不只是因為新的發明出現，

也還包括，

有一些傳統中失落的智慧，

又被重新找了回來，

讓你又有能力，

解決這個時代的問題。

例如你想吃什麼、喝什麼，
一向你就只知道跑去便利商店，
購買陳列在架上的商品。
人家怎麼生產，
你就怎麼吃。
結果吃出癌症你也覺得很無奈，
不知道是怎麼造成的。
可是傳統裡，
也曾經有過很多關於吃的智慧：
中暑應該吃什麼？脾濕應該吃什麼？
這種食材要搭配什麼食物一起炒，
才會平衡？
這些傳統中曾有的智慧，
也是「未來」應該找回來、應該要去學習的部分。
這樣你未來的生活

才會是值得期待的。

「學習」，就是「移動」。
移動於天南地北、移動於古往今來……
你愈學習，就等於愈有能力
移動到愈好的環境去生存。
然後有了更好的環境，你能夠學習的東西與層次，
又更多更高了。
這會形成一個好的循環。

所以《心經》就是在告訴你：
所有事物裡面，
都有可以學的。
所以你所執著、你所固定在的任何觀念，
全部都是
「空」的。

第三章

是故空中無色。無受想行識。無眼耳鼻舌身意。無色聲香味觸法。無眼界。乃至無意識界。無無明。亦無無明盡。乃至無老死。亦無老死盡。無苦集滅道。無智亦無得。以無所得故。菩提薩埵。依般若波羅蜜多故。心無罣礙。無罣礙故。無有恐怖。遠離顛倒夢想。究竟涅槃。

人經歷的框架愈多，就會愈沒有框架

《心經》在講的「無」，

有一些過去的大師，解釋錯誤了。

他們認為既然一切都是無，

我就也不用來去，歸於無好了。

但真相是，這個宇宙的本質是「有」，

只是任何的「有」都可以去創造、改變，

所以也是「空」。

所謂的一切都是「沒有」，

其實是一切都

沒有界限。

也就是說，

「無」真正的意思是：

在宇宙的實相裡，其實是「沒有觀念的」。
也就是一切都是自由，
任何事物都是創造。

然而地球之夢的特性
剛好相反。
例如一棟房子，你建造完成以後，它就是固定的；
但當你感覺它是固定的，你就被框架所限制，
你就失去了自由。

就好像
每個時代都有每個時代的房子，
而每個時代的人總以為
房子只能是他們當時的那個樣子。
這就是被框架所限制，
也就是地球之夢的特徵。

它充滿框架，可是這個其實才是夢。

然而隨著你的移動與歷練愈多，
當你經歷過各式各樣的框架
而提升了眼界，
你的思想
反而會愈來愈沒有框架。
而這個「沒有框架」，並不只是「歸於無」，
而是你會更「有自由」。

例如你可以去蓋出比台北一〇一大樓
更特別、更新穎的建築，
甚至於你可以蓋任何東西，
都可以是「房子」。

所以《心經》講了很多的「無」，

但既然有這個量子力學，
這個無就不是無，而是有。
也就是其實
太初是「有」，(註)
因為「有」，所以才可以有那麼多的「有」。
可是當你愈「有」，
你的意念愈瞭解「沒有」。
是透過「有」，
你才能瞭解「沒有」。

也就是說，如果你沒有透過
在各種「有」裡面的移動、旋轉、變化、創造，
你就無法證得那個「無」。
當你獲得一分的自由，你就明白一分的無。

所以修行

（註）欲深入瞭解，請參閱《都可以，就是大覺醒》一書，第四章「先有無限，才誕生你所知覺的世界」。（商周出版）

亦是要透過「DNA 反轉法則」，
你才能夠旋轉而上，
體驗到《心經》所說的境界。
《心經》的這兩百六十個字，
是告訴你一個結論，
但不是「怎麼到達這個境界」的路徑。

唯有透過你真實的人生，
一直去移動、創造、經歷不同的框架……
讓你的「有」愈多，
你才愈能夠去知道那個「沒有」。
於是你的內在，
出現的是更大的自由與創造力，
這才是證悟《心經》的路徑。

神佛的「空」，等於「遍地寶藏」

其實台北一〇一大樓也是神佛所給的概念，
只是有人去收到、去執行而已。
這個意思是說，
神佛是存在在「自由」裡面，
而不是在這個地球之夢裡面。
這個自由
是極大的創造力，
絕不是「什麼都沒有」的
槁木死灰。

所以人為什麼會有「靈感」？
為什麼靈感是「無中生有」？
因為人本來就能夠
跟「一切萬有」連結，

在連結中去拿到
超越自己所知的所知。

所以當你踏上
去瞭解神佛世界的旅程時，
你其實是踏上了一條，
將會遇見「遍地寶藏的世界」之路。
你不會遇見
只是噴著乾冰的太虛。

神佛的世界等於是遍地寶藏，
為什麼呢？
因為其中隨便一個角度的靈感，
就能夠讓你創造出無限。
但是這個「無限」，
在祂們的無限裡面

也還是一個「有」，
所以還是一個有限，而不是真正的無限。
神佛的世界的無限，
有人稱之為「無極」，
以「無極」
來形容神佛世界的無限。

《心經》，或者是佛教所說的「涅槃」，
為什麼在宗教的流變裡面，
會變成偏向於「枯寂」的「無」呢？
而所謂的「空」，
也比較偏向於「苦、空、無常」的解釋？
這是因為一般的大眾，
都是因為有苦
才去追求宗教，
所以自然傾向於用「滅苦」、「息苦」的角度，去解釋這些神佛所給的訊息。

簡單說，傾向於滅苦而說「空」與「無」，
大家比較喜歡聽，
那麼這種解釋自然就形成主流。
可是原始傳遞的訊息，
其意義是比較接近這裡所講的。

所以從古到今宮廟總是喜歡說：
「你們不要再玩了，你們已經玩到都遺忘自己是誰了！」
這個說法就不是歸於「什麼都沒有的無」，
反而是呼籲人們，
要歸於「本來什麼都有的自由」。
這個詮釋是比較接近真相的。

宮廟的這些說法所暗示的，

是整個宇宙
就像是一個靈魂的頻譜。
愈往上修，創造能力愈大、愈自由，
愈自由則愈沒有框架，
愈明白那個「無極」。

其實你們思考看看，
這與大乘佛教，才是相合的。
否則為什麼所有的佛成佛之後，
都可以隨其本願，
創造奧妙各異的淨土，行無窮度生之事呢？
而四果阿羅漢
反而被說成，只是一個
暫時的歇息之地而已？

宇宙的「無」，是「無有限制」

在人間的人，
其靈魂層次也是個頻譜。
例如有的人剛從動物靈
上升到人的層次。
雖然他已經投生成為人，
卻還保有很多動物的習性與限制，
要透過一世又一世的輪迴，
慢慢地變得更有「覺」、更能夠學習，
才更具有
「與他人取得平衡」的相處能力。

而有的人的頻率，
則已經介於天上和人間之間，
所以他的輪迴

已經開始投生到天上，
但偶爾又會下來進入人的界域。
那這樣的人
就會天生比較有智慧、有善念，
他就會想去帶領其他的人類
一同往上修，
幫助其他的人向上提升。
然後在這個過程裡面，
他自己也會去瞭解更多，
靈魂因而繼續往上提升，
慢慢成為菩薩、成為佛。

所以整個宇宙是沒有「限制」的，
就像光譜一樣，它只是有漸層，
只是有相對的位置。
而透過學習智慧，

靈魂就移動了自己的相對位置，逐步地提升。
愈提升的靈魂，
自由度就愈高、創造力就愈強。

就以大家很在乎的金錢為例，
你看地球上，
能夠擁有很巨額金錢的企業，
也都是因為有很大的創造力。
絕不是說人家賣個豆花、你也跟人家賣個豆花，
就可以變得這麼富有的。
反而是，
當大家都學別人賣豆花的時候，大家都會愈來愈貧窮。
為什麼呢？
因為豆花會愈來愈便宜。
所以如果你不創造，你只是跟著人家做，

那你的生活就是餬口飯吃。
如果你要感覺
在生活中遍地黃金、處處都有商機，
那這就是從創造力來的。
自古以來一直都是這樣。

同樣的道理，
如果你只顧著看到這個時代的黑暗面，
只顧著成為酸民，
一天到晚抱怨，
那當然你的人生沒有創造力，
就只能夠一直被人家踩踏。

可是別忘了，
沒有哪個時代是沒有黑暗面的。
這就好像，

再好的時代，也有人缺手缺腳地出生。
那麼難道說，他們就只有死路一條？
他們的人生就不可以豐盛嗎？

大乘佛法真正的精神

所以佛教流傳至今，比較主流的、受歡迎的觀念，
就叫做「放下」。

很多人把「沒有框架的宇宙實相」，
解釋成這些都是「沒有」、都是「無」，
然後就對自己說：
那我也可以去「沒有」，
這樣我就可以不用受苦、也不用奔波。

喜歡這種「放下」的人，
常常都在生活轉不動的現場裡面
談玄說妙，高來高去，
試圖讓自己的心靈得到「空無的自由」。
可是對於比他有創造力，
而能夠真正「轉變處境」的人看來，

那卻是十足的
「左手雲、右手霧」，
只不過是阿Q精神的展現而已。

其實，講得高來高去、
現實生活中卻被老婆叨念得毫無辦法、
只能變皮的人，大有人在。
那麼真正的佛法，
他其實是不懂的。

真正的開悟是懂得：所有境遇都可以創造，
而不是什麼都去看成「沒有」。
或是說，
如果你能夠創造，
你才真的知道那個「沒有」是什麼。

所以宇宙的真相也可以說是：
其實什麼都有。
反而就看你怎麼拿這個「有」，
到大家認為的「沒有」裡面，
去把它創造出來！
這才是大乘佛法真正的精神。

所以神佛都是有，祂們都真的存在，
只不過祂們沒有肉體，
透過像電波這樣的念，就可以向人傳達訊息。

《圓覺經》裡面說「生死涅槃，猶如昨夢」，
但是它其實是著重在「生死」，
而不是涅槃。
因為涅槃不是一個夢，
地球反而是一個夢。

就是說，我們現在的肉體，其實就是一個夢，
你死了反而會回到永恆。
那為什麼要來做這個夢？
因為做這個夢
可以讓你去學到很多東西，
跟我們說要去「實做」
是一樣的。

在地球上你有去實做，
你的夢想就會成真。
而這個「夢想成真」當然包括，
你在地球上就會賺得到錢、你會豐盛。
然而在這個過程中你所得到的智慧，
正是靈魂這次
為什麼要來做這個功課的原因。

那麼每一次你在輪迴中
所得到的智慧，
慢慢地在告訴你什麼呢？
就是：所有的框架，
從眼耳鼻舌身意，到色生香味觸法，
乃至於生死兩界、所謂的天人永隔……
這些都不是真的存在。

那你就不會被框架裡面的貪嗔痴
將你的無限
局限在一個看不開的念裡面，
用那個去輪迴了。
於是
當無限重新在你眼前開展出來，
這就是

究竟涅槃。

第四章

三世諸佛。依般若波羅蜜多故。得阿耨多羅三藐三菩提。

高處不勝寒，其實是一個「悲」的自我證明

有些大老闆
他們雖然走到了富貴的位置，
但是他們的心境也走到了
對這個世界、對人性
深沉的悲哀感裡面，
沒有開展出「慈」。

很多生意人
都是從「悲」的角度去看人生的。
例如他們會覺得：
反正大家都是靠你踩我、我踩你才能起來的；
人都是利益導向的；
沒有真正的朋友，
也沒有永遠的敵人……

這些都是「悲的角度」。
所以他踩別人的時候，也會覺得
「反正你們這些人都是活該」。
他賺錢了，也絕不會想多給別人一些。

所以他們做生意只是在利己，
而沒有「利己利他」。
就是因為他們是從「悲」去看這個世界，
所以才不願意去利他。
可是，
如果他們願意去利他，
反而就能夠從「悲」裡面走出來。

像這些大老闆，雖然他們的下一世，
多半還是會咬著金湯匙出生，

成為富二代。
可是他們還是要去面對
這個「悲」的功課，
生命會逼著他一直去面對這個苦。

例如他會從小就開始感受到
生在這個家庭裡的壓力，以及看到各種虛假，
然後就在這個苦裡面
一直轉不出來。
也就是雖然擁有了這麼多，
但內心深處對世界
卻是失望的；
對人，其實是討厭的。
他還是不快樂的。

所以有些大老闆，

聽到《心經》在講「空」的時候，
他們會覺得是相信的。
可是
這並不是真正的瞭解那個「空」，
而是從自己的「悲」裡面，
去鏡射出來的「厭離感」與「幻滅感」。

所以他終究還是要去做那個
如何從「悲」走到「慈」的功課。
他要把他的錢真的拿出去
跟這個世界一起創造豐盛，
他才能夠看到他真正的天堂。
然後，
他就會真的瞭解佛法說的「空」。

例如遠東集團的徐旭東，他這個人是有善念的，

但他的心
就是在「悲」裡面看世界，
讓他自己的黑與白，
沒有轉動到更高的層次。
如果轉動起來的話，他離成佛，
也只差一步。（註）

很多的佛教徒
也有同樣的問題。
當他們走到「苦修」的觀念去的時候，
你跟他們講「豐盛的解脫」，
他們是會反彈、是會很不甘心的。
因為他們也是活在對世界的「悲」裡面，
他們的基調是苦的。

然而在「苦」的意境裡面，

（註）再三地請示高靈，高靈確定表示要如此寫出來，因此我們以善念為初衷，將高靈的原意忠實呈現。

也會讓他們感覺到某種「看透」
以及「可以放得下」的清靜。
少部分地體驗了不受擾動的自由，
讓他們似乎可以觸及那個「空」。
所以他們也會喜歡上這種「苦」，
以及「苦修」的意境。

可是他們也就變成了，
會去執著這個他們所體會到的「空」。
因為捨棄了很多「想要」以後，
修行會變成一種投資。這是很自然的人性心理機轉。
所以他就需要肯定某個他認知的境界，
作為他隱性的「自我證明」。
這個「自我證明」的表徵之一
就是：他會覺得
自己所走的路，

是個所有人都不能夠體會的、
高處不勝寒的人生旅程。

其實「高處不勝寒」
就是他的心，
停留在「悲」的裡面的證明。
如果他的心有轉到「慈」，
他真的有去給自己和別人豐盛，
他就會開始看到他自己的不同。
那裡面自然有真正的喜悅，
與真正的輕鬆。

那麼如果是大老闆，
他就會看到賺錢真正的意義是什麼？
即便他看到很多人的不負責任
或不長進，

他都能夠從他們身上
看到他們也可以成佛的潛質。

因為當你自己成為一個典範的時候，
你就會看到，
很多人確實會因為你
而想要往光明的路去走。
你就會見證到，
即便是以地獄的方式在活著的人，
也真的能夠因為你
迴轉他的心，朝向成佛之路。
那麼你是會真的開心的，
你的心就會從悲走向慈了。

所以傳統上，大家在講的「空」，
為什麼很多人會被吸引？

就是因為你覺得這個「空」
把你的苦給拿掉了。
可是當你是這麼去想的時候，
你的吸引力法則，
吸引來的剛好就會是更多的悲、
以及更多對於你的悲的印證。
然而，
這也是某一個層次的地獄。
因為在這個悲裡面，
你也會習慣它、認為它是正常的，
認為修行就是這個氛圍。
那你就會看不清楚
佛所看到的世界。

「空」
並不只是你所要的那個

「沒有苦的空」而已。
它比較像是，
當你真正在內外在都富貴上來的時候，
再回頭去看以前那個
有某些觀念、認為非怎樣不可的你，
你會知道，
你不一定非要那麼做。

這個才是「空」，
這才是那個「開悟」。

為了讓別人成佛的奉獻，就是「無上正等正覺」

當你有感受到「每個人都可以成佛」時，
你就可以感受到那個
佛所瞭解的「空」。

可是如果你只是自己不想要受苦，
你老是在想我不要苦、
我不要這個世界、我不要再來輪迴……
那麼你就不是真的瞭解《心經》——
這到彼岸的智慧。

當你的奉獻，
也可以讓對方有去成佛的機會的時候，
你自己就是佛了。
如果你是一副

「我都可以瞭解這個苦空無常，人生也不過就是如此」的心態，
那你其實就是修行的「井底之蛙」，
受困在這個觀念裡面。

如果你真正走到，內外在同步的富貴之中，
再回過頭看，就會知道
以前自己的觀念有多愚蠢了。
然而到那個時候，
你卻會有更多的感謝：
感謝過去的自己沒有停留在那些階段，
而能夠努力的穿越過去。
同時，
當你看到有很多人還在他們的苦裡面時，
你也會看得到，他們無論現狀如何，
真的都有翻身的途徑；
也就是人人都可以成佛的那個可能，

是真的存在的。

那你心中的那份「慈」，
就會自然湧現出來了。

那麼這個從苦，
到離苦，
到實現內外在同步的豐盛，
這個深刻的歷程，
就會讓你知道，怎麼做
可以幫助人們也往這個方向去走。
而不是像現在有很多人
一天到晚覺得這個社會很亂，
只能想到怎麼嚴刑峻罰、
或把誰拉下台、把誰打趴打垮……
才覺得狀況可以變好。

這些其實早就是人類一直在做的事，
可是從來也沒有因為這些，
脫離過人類歷史的輪迴。
可是如果你所做的事，
是讓你人生中的黑與白
可以轉動起來的時候，
你就能夠明白天堂，
同時也能夠看懂在你下面的地獄。
但面對這個地獄，
你已經不會有悲了，
因為你會真的清楚，
這些在地獄裡面的人要學習哪些東西。
你會知道，
他們也需要一步一步地，
透過現在的這些經歷走上來，

所以也需要時間。

那你就會去想，
我可以試著留些什麼東西下來？
讓他們到某一個階段的時候，
就有某些東西準備在那裡等待著他們，
讓他們可以得到指引，可以再學上去。

這些可能是一些經典，
或可能是一些學校，
或是一些文化的建立、設計……
總而言之，
讓他們可以接觸了以後，
事半功倍地加速他們的進程。

所謂的「事半功倍」，

並不是什麼偷來的捷徑。
而是他們去學習的時候，
可以有助於他們更清明、更清楚、
更有精神地去學習智慧的方便法門。

而當你的生命
已經全然在做這些事情的時候，
不知不覺中，
你已經成佛了。

那麼，
成佛其實跟大家想得不一樣。
成佛是：
你一直在奉獻的狀態裡面，
忽然之間，
回頭看的時候，

才知道你自己已經成佛了。

通往心經開悟的《心經》

想走向開悟的各位：
一切都是有，但是都沒有限制，
這才是「空」的意思。

很多人說如果沒有「念」，
實相就什麼都沒有了，
這是錯的。
因為有「有」，才有那個「空」，
如果沒有「有」，那是連「念」都不會有的。

甚至於真相是：正因為有那個念，
所以才會知道，
沒有那個念時的「無念」。

那這也是修行困難的地方，
成佛就是：你要在那個「有」裡面去修行
去如何沒有那個「念」（黏）。

所以「空」就是「有」，「有」就是「空」，
而不是什麼都沒有的「頑空」。
真正的「空」是指：
在「有」裡面，有著很大的自由度。

就如同白色的光，
是很多顏色的光
加總在一起變成的。
同樣地，
在眾多的念裡面，
去歷練出那個「無念」，
目的是打破框架；而不是說，

要變成「木頭石頭」那樣的「沒有念」
才比較好。
如果認為「無念比較好」，
這就是一個框架。

所以想走向開悟的各位：
「有」本身就是創造。
當你在講「有」的時候，
基本上你就已經有了一個肉體了。
你的肉體裡面就有DNA，
很多的「有」都在這個DNA裡面了。
那你要突破這個創造，去把那個DNA燃燒掉，（註）
重新變成「都可以」。
這就是所謂修行成佛的歷程。

而所謂的「人」，

（註）請參考《與佛對話》P.50：「節七、你知道的無我體驗，仍是有我的」
以及《地藏經》P.18：「今世的開題」。

就是有很多的「不可以」。
光是食衣住行的限制，就已經不勝枚舉。
甚至現在的社會變成了，你如果沒有錢，
就什麼都不可以。
這模式也是一種地獄。
如果你能超越這些模式，你就能活得很豐盛。

而佛
則是更超越。
祂連肉體都不需要了，
那祂的狀態就變成了
「什麼都可以」。

這些道理，
如果有人聽不懂也沒有關係，
因為程度還不夠，也不用勉強。

而傳遞訊息的人，
也沒有一定要讓每一個人都聽得懂；
也可以讓訊息就保持是這樣。
因為「慈悲」的「慈」，
它是有自由的。

很多人說「慈悲」的時候，
他其實是在「悲」裡面，
而不是慈。
其間的差別就在
「慈」是有自由的，
而「悲」則沒有。

然而當你的生命開展出「慈」的時候，
這個慈裡面就有自由了。
這個自由就是

你可以等待、你有空間可以去包容。
那這個可以包容的更高空間，
就是「有」的。
也就是，
「讓你更自由」的這份自由，
確實是存在的。

所以，想走向開悟的各位：
修行無論以何種方式，
都是要讓你更自由。
可是你怎麼樣能變得更自由？
就是當你在不自由裡面的時候，
愈沉得住氣去瞭解事情；
愈有去顛覆
自己原來認為的「我瞭解」，
然後從不同的角度去嘗試運轉，

你才會愈看得到自由。

所以修行最重要的事，
並不是以你認為對的觀念、
一直去做些什麼。
這種「做」愈努力，
就愈被限制在某些觀念裡面，
沒有辦法做對事情。

所以為什麼很多人很苦？
為什麼他愈要什麼，就愈要不到？
這就是「DNA 反轉法則」。
既然你要破除現狀，
就不能用你現在持有的觀念，
而是要從別的角度，去看現在這個狀況，
才能夠突圍而出。

不是嗎？

例如你現在很貧窮，
如果你就用你現在的觀念去努力賺錢，
那麼是很難脫離貧窮的。
所以有的過來人會告訴你：
當有一天你富有了，
回過頭來看你現在的貧窮，
你才會真正懂得
「你的貧窮」是什麼。

可是貧窮的人，
常常以為自己貧窮的是沒有錢、
是教育程度不好、是家世背景不優……
就像酸民也認為都是人家的不好、社會的不公，
才造成自己的現狀。

然而，
在他們的觀念裡，
認為自己貧窮或不順遂的原因，
與一個有智慧的人眼中所看到的，
其實是大不相同。

不過過得愈苦的人，情緒是愈多的。
而他活在這些情緒裡面，
就會看不清楚真相。
所以他連自己有什麼觀念都無法覺知，
更談不上改變觀念了。
那就很容易做愈多、錯愈多、
苦又愈多……
變成了一個惡性循環。

所以在這個階段的人，

先要修的就是怎麼樣釋放壓力、
怎麼樣緩衝情緒、讓生活開心一些。
然後，
再來修怎麼樣看到更多角度，突破自己執著的觀念。
這個階段最快的方式，
就是找好的老師，從你生命迷宮的出口處，
直接來點醒你。

當你往這個方向修上來，
不要說你不會被別人的喜怒哀樂控制了，
甚至你想開心就開心、想生氣就生氣，
就像演戲的人一樣，
這些變成是可以創造的了。
是你在控制你的情緒，
而不是它們在控制你了。

而相對於上述對修行的講法，
有人說
既然是「無來無去」，
也終歸要放下，
那乾脆一開始就不用拿起，
豈不直接？

可是如果你不曾拿起，
又怎麼知道什麼是放下？
有拿起來，再放下的人，
他才是有那個「放下的智慧」的。
這些智慧才能打破你的那些界限、觀念，
讓你真正變成那個「無我」。
也就是可以存身在「慈」裡面，
而不是在那個「悲」裡頭。

所以很多人其實誤解了
佛法所講的「空」與「無」。
他認為既然一切是空，
那就不用去設定目標、不用去經歷、不用去學習，
只要一直減少自己的想要就好了。

可是這樣觀念的他，活在這個社會中，
實際上是一直愈來愈卡、
愈來愈想逃避。
心裡面的悲
其實是壓抑得愈來愈多的。
然後慢慢地，他反而會感覺
自己的瞋心愈來愈多。
連不干他的事情的事情，
他都會開始感到生氣。
看到某些名人的報導，也常常會

不由自主冒出自己的羨慕，
就又要壓抑這個羨慕
去批判人家——
以那些很清高、很超越的理論。

反之，
願意在各種的「有」裡面學習的人，
是連事情是發生在自己身上，
他都有能力去化解。
對於別人的酸言酸語，更是一點也不會在意的。
那麼試問：
這跟執著著自己認為的「無來無去」，
不肯學習的人比起來，
誰比較有自由呢？

答案很明顯，

是有在「有」裡面學的人，
才真正會更自由。
也就是說，
有在「有」裡面去學習智慧的人，
才真正懂得可以怎麼樣去「無」——
沒有情緒、沒有羨慕、沒有嗔恨、沒有壓抑、沒有敵人。

所以，想走向開悟的各位：
宇宙萬有都在一個大智慧之內，
當你愈來愈有在這個「有」裡面學習的時候，
你就會愈來愈跟這個宇宙的大智慧連結。
而這個連結
竟然會讓你回到愛裡面去。
你就會發現宇宙其實是很大的愛！
你就會驚嘆：
「真正的愛」原來是這個！

為什麼這麼說呢？
因為真正的愛就是：
什麼路都通！

不是嗎？
這不就是你所能找到的
最大的愛嗎？

當你的人生感覺到處處皆通、頭頭是道，
你就會親自領會到
最大的宇宙之愛。

愛
其實就是創造與自由。
當你能夠處於創造與自由時，你就是回到愛中。
因為你沒有恐懼害怕，

你是在喜悅裡面
享受開創的豐盛的。
那你怎能不領悟到整個宇宙
正是用那個「都可以」，
在深深地愛你？

那麼這意境就不是：沒有開悟的人
因為他們的渴望，
所投射的「無來無去」。
真正開悟的人
是「非常順暢地有來有去」的。
但是在別人看起來，
卻會覺得你好像是毫不費力。
這「毫不費力」
就是佛的「無來無去」。

想走向開悟的各位：
有個故事很多人都聽過。
一位富翁到海邊閒坐，旁邊有個漁夫笑他說：
「你賺了那麼多錢，
最後也就是想要悠閒地坐在海邊，
那我現在不就正是這樣了？」

漁夫認為自己
跟那個富翁是一樣的，
但真的是一樣的嗎？
這不過是漁夫站在自己的層次
所以為的而已。

富翁雖然此刻也在這個海邊放鬆，
但他有自由
去世界各地的海邊放鬆，

漁夫卻沒有。
漁夫只能夠待在這一處海邊，並且
如果有一天，這裡改變了，
沒有魚了，或是被財團收購了，
這個漁夫就會充滿恐懼和憤怒，
甚至有可能就此失去生計、活不下去。
但是這位富翁卻不會。

同樣的道理，
在現在這個時代裡面，
有透過這些「有」去歷練與學習的人，
他的自由度就好比說，
他可以今天在紐約工作，明天在倫敦休息；
他還可以利用視訊科技
同時出現在三個地方，
跟人家開會、討論、賺錢……

那這就比喻為，
他經由種種「有」的學習與開創，
正在接近「神」的能力。

那這個人當然會愈來愈吃得開，
並且做很多規劃的時候，
也會比別人更有資源去實現。
那他當然會更沒有情緒、
更不需要去把別人的阻礙看得很重。

當然有些人很有財富，
卻仍然很有情緒。
然而上述是用讓大家容易懂的比喻
來說明，為什麼人生必須去「提起與學習」，
才能夠讓你的「放下」
是一種真正成熟的自由。

因此，想走向開悟的各位：
當你在地球上的自由度，
已趨近於成熟無礙的時候，
你也即將可以
離開地球輪迴了。

我們用了種種比喻來幫助你瞭解，
該如何去完成你在地球上的功課，
真正脫離生死的輪迴。
這些訊息，
已經示現了這條路徑。
那麼，去吧，去吧。
就在這個當下，
做個清醒的決定吧。

第五章

故知般若波羅蜜多。是大神咒。是大明咒。是無上咒。是無等等咒。能除一切苦。真實不虛。故說般若波羅蜜多咒。即說咒曰。揭諦揭諦。波羅揭諦。波羅僧揭諦。菩提薩婆訶。

神最有能力作夢，人則是「被夢作」

日式建築有個特色，
它的空間像舞台，可以做很多靈活的運用。
比如隔間可以輕易拆換、
出入口可以有很多。
而同一塊地板，
既可以當茶室泡茶，也可以當寢室睡覺，
或是要集會商談……
都可以變來變去。

所謂的「夢」也是這樣。
比如說你在一個空間裡面辦不同的活動，
這一次主題是「紐約紐約」，
下一次主題是「愛在東京」……
這些活動就叫作夢，

可是有一個真實的場地存在，
所以這些夢才可以上場。

這個真實的舞台
就是那個「無」。
所以那個無是「有」的。

所以真正的「無」，不是真的什麼都沒有，
而是
「你要在上面演什麼都可以」。
當你演完了、道具都撤掉了，
那就剩下這個無。

有些高僧講「無來無去」，
說連這個舞台都沒有。
那這反而是，

他在自己想像的這個意境裡作夢，
而不是回到實相。
實相是，
你在其中想做什麼夢，
就可以做什麼夢。
你
是可以創造夢的。

也就是說，人都有創造力。
你要成為企業家、你要成為文學家、
或是變成教育家……
你都可以去創造，你都可以去做那個夢。
那誰最有能力作夢？
神是最有能力作夢的。
祂想作什麼樣的夢，就作什麼樣的夢。
那一般人呢？

一般人是「被夢作」。
也就是你只能在
別人創造出來的場景、
別人設定好的遊戲規則裡面行動。
於是你就永遠脫離不了內心的「悲」。

通常會去強調「無來無去」的人，
就是因為在那個悲裡面陷入無力感，
也沒有智慧去做些什麼，
所以就挖了一口井
叫做「無來無去」、
叫做「一切皆空」。
他就把自己的頭埋在這個意境裡面，
說他看這個世界
一切都是「無」、
一切只是「空」。

可是事實上，
外面隨便一場雨下來，
隨便一個無常來到，
他便無法因應，
他就被淹沒了。

有的人就愛待在那個
佛學的「無來無去」裡面作夢，
因為這樣他就不用去學習和經歷。
然而
這就是在自己的悲裡面
去點一盞燈，
卻沒有真的走出黑暗。

可是有去學習與經歷的人，

他的創造力愈來愈強，
他已經是在美夢成真了。
當他美夢成真之後，
反而愈會對「夢」這件事，
有更多的清楚和瞭解。
可是反過來，
那個一直沒有去閱歷和學習的人，
就會一直在他的「夢」裡，
充滿他自己認為的想像，
而跟真實脫節得很遠。

例如有的酸民就總是認為，人家有錢
只是因為家世背景好，
或是心夠狠、機運強⋯⋯
他們完全看不到別人的努力和付出，
而在他們的想像裡批判、仇富。

事實上，
有錢的人是做了很多事
才成為那個有錢人的。
而且當這個人
上去到那個有錢的世界以後，
他對事情所看到的角度與視野，
又比之前的更多、更寬，
更是還在下面買樂透作夢的人，
所無法意會的。

同樣地，大乘佛法講的是，
每個菩薩都是歷劫修行，
才能夠成佛的。
成佛之後，
祂的淨土也依照祂的本願創建完成。

那麼
如果不是祂們有在歷劫修行，
今天你哪裡有淨土可以往生？
可是這個讓你去往生的淨土，
也就是佛
在真如中創造的夢喔。

所以你如果問阿彌陀佛，
極樂世界是不是空的？
祂也會告訴你那是空的。
但重點是，
人家就是有辦法把那個「空」，
做成一個極樂世界。
那為什麼
你的「空」就是個五濁惡世、
就是個不順遂的無常呢？

你現在覺得你沒錢，
是因為景氣不好、家世背景不好、政治不好……
於是你的生活就處處將就、環境也很髒亂，
然後你跑去學佛。
你學了一陣子，
就開始說一切都是假的、是空的，
不要在意、不要羨慕、不要貪求、不要生氣、不要執著……
可是為什麼阿彌陀佛的空是極樂世界，
你的空是被老婆成天嘮叨呢？
為什麼
你就不能因為那個「空」，
把你的生活變成極樂世界呢？
可見佛是那個作夢的人；
祂正是那個有能力築夢、美夢成真的人。

而因為祂有能力築夢，
所以祂才是那個真正瞭解「空」、真正開悟的人。
而你
只是被政治人物、被老婆的夢擺布的人，
然後躲到「空」的意境裡面，
讓它成為你存身的一個
窄小的舒適圈罷了。

佛在修的「淨土宗」，就是「感謝＋反省＝奉獻」

佛才是真正瞭解自由的人。
所以祂可以把這個空的舞台，
變成任何一齣你想要看的戲——
包括極樂世界，
去接引你、開啟你的成佛之路。
大乘佛教真正在講的
就是這個。

地球就是個舞台，而所謂的有修為，
就是你想演什麼就可以演什麼，
而不是人家叫你演什麼，你就只好演什麼。
這個就是「悲」。
也就是地獄。

所以真正能讓你開悟的路徑，
其實是透過睜開眼睛的「移動」，
而非閉上眼睛的止息。

當你在頻繁的移動裡面去閱歷，
直到很多拼圖都連結上、拼上了，
你自己就「知道」了。
而不是說，你今天關在一個地方
閉上眼睛，
然後想要在裡面撞見什麼特殊的境界。
因為你會發現，
你的那個境界，
跟你睜開眼睛的生活
根本是分裂的。

在打坐裡面

尋找特殊經驗的那個你，
就是井裡的那隻青蛙。
牠會覺得
待在裡面感覺很好，
可是真的面臨到外界的很多事情的時候，
他就沒錢了、沒辦法了、沒有路走了……
他變得比誰都慘。
這就是很多心靈圈的人
或是許多所謂的靈修者
真實的寫照。

你意圖回歸那個「無」，
想讓這些你不喜歡的「有」不見。
可是事實上
你不喜歡的「有」並不會不見，
因為就算你死了、脫離了身體，

你會發現你所來到的，
仍然是一個「有」的世界。
而以你狹隘的觀念去面對這個死後的「有」，
你是會更驚慌、更抗拒的。

不然你是怎麼又來輪迴的？
你之前也死過無數次，
也擺脫過無數次的「有」啊！
那為什麼你又來了呢？
而且你又來了以後，
這些「有」
不是也又來了嗎？

所以真正的解脫之路，
是在活著的時候，
就能夠充分地去移動自己的身體、觀念、習慣……

在現實人生裡面變得愈來愈自由、
愈來愈有能力創造。
那你也會體驗到，
不用拼經濟也可以很豐盛。

也就是說，
當你在生活中去運轉「感謝＋反省＝奉獻」時，
你是可以開啟五次元之愛，
那份真實的「心意」。
這份心意會讓你的頭腦，
不會因為恐懼而去追求；
可是你的人生
卻會一直在那裡美夢成真。

這個「心意」
就是「感謝＋反省＝奉獻」裡面的「奉獻」。

所以阿彌陀佛
是怎麼樣創造極樂世界的呢？
祂就是這麼創造的。

上述所講的，就是「般若波羅蜜多」，
亦即到彼岸的智慧。
這條路徑，是真正的大神咒。
所謂的「神咒」，
就是真正能讓你與佛力相感應的，
一條正確的
「吸引力法則」之路。

走上這條路，才是真正的念經、
真正的持咒。
才能真實不虛的，
讓你的人生從各種痛苦之夢裡，

成為美夢的創造者，
以及宇宙實相的通達者。

所以你們修淨土宗的人要瞭解，
這就是過去的佛在修的「淨土宗」，
這個才是真正的淨土宗。
不要只是想去依靠別人的淨土，
為什麼？
佛不是告訴你了嗎？你就是佛。

所以就算你到了阿彌陀佛的極樂世界，
你要學的還是這個，
因為你是要成佛的。

人人都可以成佛，
所以沒有誰高誰低。

但是當你成佛的時候，
你就會知道其中的喜樂無窮。
這個「無窮」
就是沒有高低，
你只會單純地在那個喜樂裡面。

而只有在這個無窮的喜樂中，
你才真的能夠做到，
沒有貪著、沒有羨慕、沒有追尋、沒有比較……
因為
真的也是沒有辦法比較的。
就像你無法去比較，
是南方佛的淨土好？東方佛的淨土好？還是西方佛的淨土好？

到那時
一切都是最好。

〈後語〉

這本經每個人都看得懂，
因為每個人都可以看得到自己現階段
可以看得懂的部分；
可是這本經
每個人也都看不懂，
因為在你的人生還有困境的那些區域，
這本書裡面
雖然已經有在暗示你答案，
然而你現在還看不到。

所以，願你能夠珍視這本經典，
將它置於左右，
每當你在人生中，突然想問：
「我為什麼要來人世間走一遭？」

「人生為什麼要讓我看到這些？」
你就把這本經拿出來翻一翻，
讓你的心與它交流，那麼
佛就在這裡回答你。

〈附錄〉通靈的真相

從低層次、中層次、高層次的通靈訊息，談通靈訊息的幕後來源，以及有關通靈現象的本質及如何分辨通靈訊息的品質。

——二〇一九年九月二十六日　章成老師講於台北大日講堂

接下來我們來傳遞這禮拜高靈要給大家的訊息，我們的訊息是來自於大日如來的化身不動明王。今天訊息的題目是「通靈的真相」。

老師先把結論放在最開始：

通靈，其實一點都不稀奇，真正的重點是訊息的品質。

先從一個真實的故事講起，這件事發生在三十多年前，老師的一位同班同學的身上，這是他親口跟老師分享的。

當時他剛出社會薪水少，在台北只能夠租一個木板隔間、沒有廁所的「雅房」住。這個雅房很小，裡面只能放一張床、一面書桌、一個帆布衣櫥跟一台小電視就滿了。

這一天，他泡了一碗泡麵要當午餐，泡麵就放在床邊，自己則坐在床上，前面是他的小電視正在播放著節目，但被他調成了靜音狀態。

一會兒，他覺得泡麵泡得差不多該吃了，卻發現找不到泡麵的筷子。他就從近的地方開始找、一直找到整個房間，結果都找不到。因為不喜歡吃泡的很爛的泡麵，所以他心裡開始著急了；可是再度搜尋了一圈，還是沒有看到泡麵筷子在哪裡？最後他坐回床上，心情轉變成無奈。

正當不知道該怎麼辦的時候，突然有個念頭竟從心裡面蹦出來，對他說了一句話：「把電視機的聲音放出來，你就會找到筷子。」

他第一時間的反應是「怎麼可能」！因為這很沒有邏輯。為什麼把電視機的聲音放出來，就會找到泡麵筷子呢？電視機的聲音是無形的，跟實體的筷子有什麼關係？他當時想了半天，就是沒辦法想到兩者有什麼關連。

所以這個念頭，就不用管它吧！可是他又矛盾了，因為正需要趕緊找到泡麵筷子啊。那麼……既然已經真的找不到了，要不要試試看？可是才這樣一想，他心裡竟然就有一種害怕、猶豫，在做與不做之間無法決定。他說這也讓他驚覺到，人居然如此地需要一個「理性的自我形象」。

因為這個猶豫翻譯出來其實就是：「如果等一下什麼事都沒有發生的話，我會覺得我很蠢！」不過猶豫了一陣子之後，他還是決定去試看看。原因很簡單，因為「旁邊反正沒有別人」，他就這樣說服自己。

要打開電視機的聲音，就是要去拿遙控器，而遙控器也近在咫尺：就在他右後方的床上。所以只要扭轉一下身體去觸摸遙控器的靜音鍵，把靜音狀態取消掉就行了，甚至連遙控器都不用拿起來。當他開始轉過身要去按壓遙控器的靜音鍵時，還一面在想：「到底這跟筷子有什麼關係呢？」你們可能會以為筷子就放在那兒，對不對？當然不是的，因為那邊他也都查看過了，都沒有。

這個答案，我們的頭腦真的是完全沒有辦法想像的。當他扭過身去要碰觸右後方的遙控器時，他的注意力以及視線，當然是在右手邊，可是這個扭轉身體的動作，竟讓沒去管它的左手，自然地隨著身體的擺盪，掃進了擺在他左方的棉被底下——他的左手不經意地插進了棉被下方與床的縫隙裡面。

就在那一刻，他凍結了！因為當他的右手手指觸摸到靜音鍵的時候，真的是同一瞬間，左手就碰觸到了筷子，而且是在他視線之外的左手。原來泡麵的筷子不知道什麼時候，被推到棉被和床鋪的縫隙裡面去了，難怪他看不到。

當時，他震驚得久久說不出話來。因為如果內心的意念是說：「筷子在棉被底下。」那就還好，這或許可以解釋成，那是他的潛意識在告訴他，因為他其實是有看到過的，只是自己忘了。可是那個聲音告訴他的，卻是一個間接又間接的指示：「只要把電視聲音打開。」它是如何做出這個決策的？它怎麼能夠斬釘截鐵地計算出，當他用右手去碰觸遙控器的時候，左手隨著身體的晃動，會如此精準地、剛好地就插進棉被底下的縫隙呢？而且還能夠剛好摸到塞在某個位置的筷子？

他自己當然不可能有這樣的智慧，但是又有哪一部電腦可以在當下，運算出這種決策呢？所以他目睹了一種無法想像的智慧的真實示現，這讓他震驚不已，可是又完全不知道它來自何方！

其實，這就是一個「通靈」的經驗。高靈說：「人本來就是一個靈魂，所以通靈是人很自然的一種能力。只不過因為人類的文化發展抑制了這個部分，才讓它隱而不顯。」

不過雖然說是隱而不顯，但是在我們的生活裡，其實大家多多少少都有這樣的經驗：例如你可能有一件事情一直不知道該怎麼處理，正覺得很膠著；或者是有個困境用你原來的思路跟方法，已經不曉得怎麼樣去解開。你不自覺地默默地向心裡面所相信的天使、神或佛菩薩祈禱，希望能夠得到開解。於是沒有多久，一個清晨的夢，或是無意間看到的一篇網文，或是有個朋友介紹你去看的一部電影，就突然給了你解答！而且你會知道那句話、那個夢真的是「很針對性地」，明明白白地在回答你，絕非你自己刻意動念去加工聯想。因為在接收到那個訊息的同時，你都還沒來得及思考，你的心就瞬間鬆開了！你對你的事情就瞬間明白了！那個明白甚至比你預期的要更好，因為它讓你又回到愛裡了。

像這樣的指引，明顯地給你帶來如此高的效益；卻也很明顯的，跟你原來的思路是不連貫的，就像一個插播。其實這就是通靈。

那麼今天要告訴你的，就是到底這些靈感來自何處？到底通靈是通到哪裡？所以接下來，我們就要從肉眼的世界穿越到靈界的世界；也就是高靈要帶我們，到物質性舞台的「後台」去看一看。

中等層次的訊息，來自曾經與你合一的靈魂群

大家都知道通靈的訊息，就我們這一面來講，就是個靈感；就靈界來講，就是有訊息發送給你，讓你接收到。那要怎麼去談「訊息的來源」這麼複雜的事情呢？我們將把它簡化，以便你能夠得到一個合適的概念。

那麼，既然大家都知道，通靈的訊息以智慧程度來說有高有低，今天我們就把人接收到的通靈訊息，簡化成低、中、高三種層次，分別來談談這些訊息的來源。

首先從中等層次的訊息說起。所謂中等層次的訊息，在我們肉體世界的這一面：如果你是沒有在靈修的人，通常會覺得那就是一個福至心靈的靈感；或者以華人來說，會覺得是祖先的庇佑，或是過世的爸爸媽媽來告訴我了。如果以有在靈修的人來講，通常就會解釋成是「我的指導靈」、「我的高我」或者是「大天使的訊息」……等，就看你的信仰為何。中階層次的訊息，通常會被大家解釋成這樣。

那我們就到這幕後去看看，到底這個中階層次的訊息是從哪裡來的？

在我們的生生世世裡面，我們跟很多的靈魂，都曾經在地球上有過交集。其中有一些靈魂跟我們以前交會的時候，彼此有比較合一（稍後會解釋什麼叫做「比較合一」），而這些曾經與你比較合一過的靈魂，如果其中有一些，現在正好是在一個靈魂的狀態，還沒有去投生的話——前提是還沒有去投生，還在靈界的話——那麼由於他們對你較為關注，他們就會在他們覺得適當的時候，發送訊息給你，幫助你在地球上的學習。

再強調一次：這些靈魂並不是已經解脫輪迴，他們還是有他們的自我；還有一些他們的執著面沒有開悟，只是暫時是靈魂的狀態，還沒有投胎去下一世而已。這段時間可長可短，每個靈魂不一樣。

他們因為曾經跟你在地球上是比較合一的，所以有點像是臉書中比較親蜜的朋友圈，他們就會把你設定為比較關注的對象。地球上有一些人他們也認識，過去世也交會過，但是因為比較沒有合一，所以就沒有那麼關注、沒有那麼在乎；但是當他們對你是比較關注的，就會比較想關心你在地球上的學習能不能順利。

這裡要稍微解釋一下：當一個人脫離肉體，回復為靈魂的時候，他會知道我們到地球投胎的目的就是學習，而不是為了賺錢或功成名就等等的其他目的。所以那些關注你的靈魂，他們雖然希望你過得好，但這裡面更大的重點，是在意你有沒有去學習你該學習的功課？所以當你在學習上有瓶頸，或是你走偏了，需要一些幫助的時候，他們就有一點像是：會經過一個「合議庭」的方式，去商量出該怎麼給你一個適切的「點化」。

老師剛剛說過，生生世世跟你比較合一的靈魂不會只有一個，又因為他們都共同關注你，所以彼此也會認識、連結。因此，當你碰到一個比較卡的狀態或是一個重要關頭，因為他們每一個靈魂的經驗值都不一樣，所以對於該幫助或不幫助、該怎麼幫助對你才比較好？他們的看法也會不同。因此他們就會有點像是一個合議庭，會互相商量、討論，然後才做出決定。

也因為如此，傳送給你的訊息就會比較「中性」。所謂的「中性」是什麼意思呢？例如說，有一個靈魂可能以前跟你是夫妻——就以他以前是男生、你是女生好了。那以你來講，他就是你的前夫。可是這個靈魂並不太會局限在「前夫」這種人間角色，只以「夫妻之情」去思考如何幫助你。原因是他已經恢復到靈魂狀態了，靈魂也會憶起他自己的多重身分。他知道他在生生世世裡面，自己是有很多角色身分的，所以他的立場就會比較中性。這是第一個點。

另外一個點就是：雖然他想要關注你、幫助你，但是因為會跟其他的靈魂商量，所以經過這些商量的過程，他也會變得比較客觀、中性；也就是長遠來講，什麼才是真的對你比較有幫助的呢？這個就會自然成為他主要的著眼點。所以他們在商量之後所給出來的「點化」，相對於你來講，就會比較有智慧，或者可以讓你回到愛、回到正途。

現在我們轉回到人間來看。那麼當你透過他們的商量與鋪排之後，收到這樣品質的「靈感」時，你就會覺得，是一個好像很瞭解我、很知道要用什麼話來跟我講，又可以瞬間讓我鬆綁、甚至讓我瞬間哭出來的奇蹟般的訊息。這個指引是如此能夠讓你心領神會，彷彿就是知道你的脾氣、就是知道你卡住的點，而給了你聽得下去、又瞬間能懂的忠告，讓你能夠去轉這個心念的彎。所以有很多人把這樣一種靈感的來源，解釋成高我或指導靈。因為會覺得這些訊息實在太有益處，又很瞭解自己。這就是屬於比較中階層次的通靈訊息。

在這裡，我們稍微再延伸，講一點點比較複雜的東西：但並不是每一個人收到的「中階層次的訊息」都是一樣的品質。

例如說，有的人現在的程度是屬於比較「八＋九」的，「八＋九」我們就定義為智慧層次比較低一點、情緒比較多一些的族群。那麼跟他在生生世世裡比較合一的靈魂，其實也會比較「八＋九」。但是他們也是想為他好，所以他們也會有他們的商量，來給他訊息。如果你是程度更高的人，那你來聽那些訊息，就會覺得那些訊息還是比較低。所以這靈魂群提供的，雖然也是所謂的中階層次的訊息，但所謂的「中階」還是因人而異，又有其高低的。

這就是為什麼有的人說，他收到了大天使的訊息，那個訊息你會覺得很細緻很有層次；可是有的人也說他收到了大天使的點化，可是你聽起來就覺得還是比較粗淺、比較「LOW」。但基本上，這些訊息都會是以善念為出發的，以訊息的品質來講，已經算不錯的了。

比較願意跟人家合一的人，指導他學習的靈魂也會比較多

那麼我們現在就要來解釋，什麼是在生生世世裡面，跟你比較合一的靈魂？所謂的「跟你比較合一」，就是以前你們在地球上相處的時候，他是真的有用過心去瞭解

你的人。不見得你有用過同樣的心去瞭解他，但是他是有放他的心去瞭解你的，所以確實對你也就有相當的瞭解。

那這個「比較有去跟你合一過」的靈魂，就會成為比較關注你的學習狀況的靈魂群之一。在他還沒有去投生、還在靈魂狀態的時候，他就會試圖幫助你在地球的學習。

高靈說，華人世界常認為，家族裡面過世的長輩，會來給子孫「庇佑」或「指點」。例如電視劇裡面常常會這麼演：主角的事業遇到很大的困頓，就跑去神主牌或墓地面前說：「爸爸，我現在不知道公司該怎麼辦，你可不可以告訴我？」其實真相大多數並非如此。被形容為「指導靈」的這個靈魂群，比較少會是你去世的父母親或爺爺奶奶，因為親子關係裡面，其實是比較少有合一的。通常父母親或家族的長輩，比較是活在他們對後輩的期待裡，真正去瞭解後輩的比較少。

所以合一比較多的是伴侶關係，但「伴侶」也不一定是指夫妻，也有的人只是你一輩子的朋友，但他是真的願意去瞭解你，也是真的瞭解你的人。那他才是比較跟你合一的靈魂。

那麼從這個原理，你也就能夠意會到：會給我們訊息的靈魂群，每個人的數量是不一樣的，有的人多、有的人少。如果你在生生世世當人的時候，總是比較願意跟人家合一，也就是你比較願意用心去瞭解別人、對待別人，不會動不動就說「合則來、不合則去」，當然你就會跟比較多的人，創造出比較正向的循環，使得別人也會願意用心去瞭解你、對待你。如此的話，在靈界幫助你學習的靈魂群，數量就會累積得比較多。

在靈性書籍裡面也有一種說法，或許你們也曾經聽過，就是：指導靈是會更換的。這個說法說：隨著你的成長，倘若你的指導靈沒辦法教你了，就會換一個。其實就靈界的真相來講，這樣說是八九不離十，是有形容到的。

會給你訊息的靈魂群，他們智慧的發展程度不盡相同。其中跟你現在的程度比較靠近，而經驗值比你多的，常常就會是由他們去幫助你。然而當你一直在成熟、成長……用個比喻來講，就有點像：你本來是課長，但是你現在升經理了，那麼那個以前當過課長的靈魂，在你還是職員的時候，他還可以教你怎麼做課長。可是你現在當經理了，他沒有當經理的經驗，他就覺得這部分他不知道要怎麼去體會或教你，那麼靈魂群裡面當過經理的、甚至於當過總經理的，就會由他從更高程度的觀點，來教你怎麼去當好一個經理了。所以為什麼說「指導靈會更換」，其實是這樣的。

所以說所謂的「指導靈」、「高我」或「天使」，這些是隨著你想要解釋的方式，而有這些稱呼。但真正來講，幫助你的這些靈感，並不是只有一個來源。如果用人間的話來講，比較像是一個團隊，是一個靈魂群一直在商量著的。那他們為什麼要做這樣的事情呢？除了對你的愛之外，其實他們也是在做他們這個階段的功課。透過幫助你，他們也在學習。

以上這就是所謂中階層次的通靈訊息，它們真正的來源。

收到低層次的訊息，是因為你想要自我證明

接下來我們來講「低層次通靈訊息」的來源。首先，一般人其實是不太會收到低層次的訊息的，你很少聽到人家講說他的靈感很低（笑），不是嗎？因為那就不會叫做靈感了，那應該叫做惡念，或笨主意。

為什麼我們說靈感是「靈」感呢？就是因為它會讓我們更開闊、更有創意。通常你如果有什麼惡念，你都會知道那是自己產生的，也會知道是什麼事情所累積的情緒，讓你會有這種念頭。

但確實有一種惡念，是你的信念系統還不至於跑到這個範圍，卻突然有這種意念的。比如說忽然想去殺了誰、掐死誰。像這種狀況，是連自己都會嚇一跳的，你會覺得自己怎麼會有這種可怕的想法？雖然你確實有點討厭某個人，不想看到他，可是也不至於想去殺了他才對。那麼這也就有可能，是屬於比較低層次的通靈狀況發生了。

不過一般人不太會有這種經驗，因為你們的身心至少是有一般程度的健康狀態，所以

對於這種低層次的靈感經驗也會很少。一般人收到中階層次的通靈訊息的經驗，會比較多。

但哪一類的人會收到比較多低層次的通靈訊息呢？有兩種類型。第一種是，如果這些人真的就是很負能量，他們心裡面有很多的怨、很多的恨，氣場已經很陰、很弱，那他們就比較容易被靈界裡面，比較低的靈趁虛而入。低的靈會鎖定他們發送訊息，是因為在這些人身上容易實現它們的影響力，這是一種狀況。

還有另外一種，就是刻意想去通靈，或是刻意想要學習通靈的通靈人。因為他們之中很多人還停留在比較想要自我證明的階段，所以就很容易接受到來自低層次的靈所傳送的訊息。所謂「自我證明」的意思是：他想要透過這個通靈，來顯得自己與眾不同，顯得自己很厲害、有能力、有神通；而且也想要透過通靈，賺到名聞利養。

為什麼這樣就很容易收到低層次的訊息？因為靈界的靈魂也是什麼層次都有的，比較低層次的靈裡面，有一群就像是人間形容的「酒肉朋友」。這群低靈也是很想要證明他們自己，喜歡出風頭、有爽點的感覺，他們就是靈界的「八＋九」。就像街頭上那些會把汽車的消音器拔掉、讓車子發出巨大聲響呼嘯而過的小屁孩，無論讓你討厭或喜歡，只要能夠引起注目，他們就會覺得很爽。「酒肉朋友」的低靈就是要這個爽點，所以如果你也要這個爽點，你們就會一拍即合。

這種「合作」很常見。有一些人因為看到人家通靈，自己也有一些底子，他就開始刻意想去收到更多訊息。但是既然他的心念傾向是想要證明自己的，他就會去過濾掉真正高品質的靈界訊息——那些通常都是比較平實的、有愛的、提醒你從實際生活裡去修行、看得很長遠的訊息。他就會選擇去注意比較戲劇性的、能夠吸引人家矚目、得到關注與崇拜的訊息。

例如今天高層次的靈給他一個智慧的訊息是：「你要把消音器裝上，低調一點。」他才不要，他自己就會過濾掉這種訊息。而低層次的靈給的訊息，就是讓他會有爽點的。例如他可以跟人家說：「我可以看到你身體的狀況喔，我告訴你，你要注意你的肝。」

重點是他會到處跟人家講，不認識的人或人家沒問他，他也要講。甚至會說：「我告訴你，你下個月會破財。」等等又說：「你明年會有桃花。」或者說：「你下半年會有血光之災。」甚至講大一點：「我告訴你，九月會有大地震。」或者說：「你知道嗎，這次的颱風本來會造成很嚴重的災情，因為師父有去跟上面講了，所以才變成一個輕度颱風。」有沒有聽過這種通靈？這就是一直在證明自己的通靈。

有很多通靈人，就是一直在要這種訊息，所以低層次的靈就會一直餵給他這種訊息。你說有些訊息很準，沒有錯，因為低靈畢竟是也是靈魂的狀態，所以他可以知道的範圍，還是會比有肉身限制的你所知道的多。所以有些東西，他可以講得出來，比如說你身體的狀況或過去的事情，甚至於近期的未來，他們是可以知道的。但很多人不懂其中的道理，以為他講對了、講準了，就代表他能解決問題。或者，覺得他真的可以幫助你的人生往上走。這就錯了，其實低層次的靈是沒有這個能力與智慧，幫助你的人生往上走的。他們只是有這種小本領，但是因為大部分的人會想要這樣的本領，就會圍繞著他們，他們就可以在裡面獲取大名大利。

重視預言靈訊，反而阻擋你的生命高飛

但是高靈說，這樣的通靈訊息，其實它的CP值是非常低的。為什麼呢？你想想看，如果有一個人每天都跟著你，你到哪兒他就跟到哪兒，然後你到大賣場去，拿起了一罐奶粉要買，他就立刻跟你講說：「現在不要買，下個月有打折，下個月有做特價，你下個月再買，一次買三罐你就可以賺五十塊。」等一下你經過賣餅乾的區域，本來並沒有要買餅乾的，他卻又說：「快買！多拿兩包，因為下個月會漲價，你現在買，現省五十塊。」他每天就是跟你講這種事情，怎麼做省五塊，怎麼做賺十塊，那你要不要？

高靈說：你就想，如果你可以成為大富翁呢？或者不要講成為大富翁，如果你現

在月入三萬，將來可以變成月入三十萬的話，還有沒有必要有一個人一直在旁邊跟你講，買這個虧五塊、買那個多十五塊？有必要嗎？沒有！那重點就來了，如果你可以成為一個大富翁，為什麼你的人生要把焦點和興趣，永遠放在這五塊、十塊裡面打滾呢？

也就是說，你在人生裡一直得到的訊息，不管是從靈界或從書本、從一個好的老師或是從網路得來；如果是會讓你的人生從月入三萬一直往上提升，變成十萬、十五萬、三十萬……那不是更好嗎？你為什麼要那麼巴著一個人，每天在你旁邊跟你講五塊、十塊的東西？其實低層次的通靈訊息，如果你好好地去思考它，你就會看見它就是這樣的。

那為什麼一般的人會被這些低層次的神通吸引？就是因為他人生的設定就很低，好像相信自己的人生永遠只能在那五塊、十塊裡面周旋。

佛菩薩都說：「人人都可以成佛。」其實意思就像是，人人都可以成為大富翁和超級巨星。那既然人人都可以成佛，你應該走的就是可以成佛的那條路，怎麼會變成去執著、去崇拜那個，永遠都在告訴你下個月要注意破財、明年會有桃花的通靈仙呢？這不就像有的人一天到晚拿著各大賣場寄來的廣告，仔細研究哪個東西有特價、哪家有活動，可以省五塊、十塊的嗎？假設他每天研究這些廣告花的時間有半小時，如果他把那半小時拿去看讓他人生可以往上走的好書，或是YouTube上的一則好的演講，然後去調整自己的生活態度。你覺得日積月累下來，哪一個比較有價值？

所以高靈說，低靈的訊息永遠在告訴你那些，對生命的成長來說，價值很低的東西，都是格局很低的人才會一直覺得很受吸引。你就算知道哪時候有颱風、哪時候有地震，或者哪時候有桃花，那又如何呢？例如說：「你下個月會破財。」破財就一定是不好的嗎？如果你因為這件事認識了一個好朋友呢？如果因為這件事，你在裡面學到了一個重要的智慧呢？反過來說：「明年你會有桃花，會有一個很好的邂逅。」那一定是好的嗎？也許剛開始是好的，但三年後的分手，大家卻撕破臉，你被他傷得很重，不會很後悔認識他嗎？

所以這些所謂的「講得準」，其實都是聚焦在很小的、很片面的人生切片上，這些並不會讓你的人生真的起飛，反而會一直讓你在狹隘的吉凶禍福的定義中，患得患失。然而有些人就是一直想透過收取這樣的訊息，來證明他自己很行、有能力、有神通，而他旁邊也會有一群信徒，一直想要他來告訴他們明年的運勢如何，某支股票可不可以買……就像有的人一直上網做測驗，看下個月的運勢如何。你為什麼不去學習真正的人生智慧，把自己的人生改成會一直往上走的運勢，而要在那裡起起伏伏呢？

低靈的通靈者，等於做庸醫

這些想要藉由通靈能力來證明自我的老師，就有點像《西遊記》裡的小妖小怪，都是從王母娘娘那裡偷了一點寶物，就跑到更低層次的村莊那裡去作威作福、在那邊當山寨大王。你說那些寶物有沒有功能呢？當然有，所以才叫做寶物，但它的功能就是只有那樣一點點。所以高靈說，你為什麼不去成為王母娘娘？而要成為偷王母娘娘寶物的賊呢？偷了還得逃跑，然後跑到一個落後地方去騙更低層次的人，你的設定怎麼會這麼低呢？你的人生為什麼不往上走？你明明也可以修成王母娘娘的。而且成為王母娘娘的話，你會有一卡車的寶物，還不是一個寶物而已呢！那為什麼你不這樣做？因為你一開始就是這麼短視近利，只是想要人家敬畏你，想要馬上得到人家的恭敬，想要快速得到名、得到利。你就是只有看得這麼短、想得這麼小。

同樣的，在心靈圈裡面，有些會想去學很多很多「法門」的人，也是因為他們心裡面的貪念想要發展，才去上這個課、上那個課；學這個法門、學那個法門的。這就是《西遊記》裡面，去王母娘娘那邊偷寶物的現代版，那個邏輯是完全一樣的。

比如說他去學了靈擺，就認為可以用靈擺知道財位在哪，還可以開始收費，跟人說財位在哪裡，開始當起仙姑。剛好也有一群人覺得自己對這未知的世界，不曉得法則是什麼，看他好像很清楚，就會去相信他，想藉助他的能力來不勞而獲，或是依靠購買他所謂的「能量產品」，不用檢討自己，就可以趨吉避凶。因為有著這樣的市場，所以現在就有一堆號稱心靈圈的人，跑去透過耍弄那些「寶物」，在那裡當「老師」，騙吃騙喝。

這些所謂的心靈老師或通靈人，雖然有的人有低靈相助，所以他可以有一些靈通，可以說對了一些事情。但是因為他沒辦法真正處理問題，又要去處理問題才會有錢賺，所以他其實是一直在不當地介入人家的因果，或者是一直在阻擋住人家，走向真正智慧成長的道路。那這個狀況就像一個庸醫，其實他沒辦法醫好你，但他還是開藥給你。而且藥裡面可能很多的安慰劑、麻醉劑，吃了以後你就被麻醉了、安慰了；覺得好像好一點了，但實際上你並沒有好，你真正的問題根源還在那裡，所以你又會繼續去找他。

這樣子的心靈老師或通靈人，他們其實沒有能力處理別人的問題，卻強行做這件事情，還拿了人家的錢，他們就會有很多的因果病上身。所以你也會聽說，有些做這種命理或通靈的人，到後來自己過得越來越糟，例如一身病痛，或是自己的婚姻、家庭都很不好。這是為什麼呢？就是因為因果的反撲。

所以如果你做心靈工作或是通靈，愈做愈發現自己身體變差，發現自己境遇愈來愈不好，那你就不適合做這方面的工作。為什麼不適合做呢？因為你還德不配位。這不是在罵你，而是真正在關心你。其實你的修為還不足以做這件事，如果你硬要做，你就會折損。

有一些通靈人或做命理的，人生明明愈過愈差、身體也愈來愈不好，他還把這種狀況說成：「老師是因為太慈悲、太不捨眾生，所以承擔了很多眾生的業障。」也許他自己真的這麼認為，但事實是，他還沒有那個智慧跟能力，就去做這件事了，所以遭到很多因果的反撲。他其實是應該停下來，否則他以後是會愈來愈糟的。

上述就是屬於接觸低層次的通靈訊息的人。但是這種低層次的訊息，除非你的意識已經低到一個程度，或是你很刻意的要透過通靈去得到名利，否則我們一般的人也接觸不太到的。因為那就是一種吸引力法則、物以類聚。

真正的高層次訊息，會開啟你的「覺」

能夠讓你從生活的最細節開啟你的「覺」，才是真正的「高層次訊息」。

最後，我們就要來講「高層次的通靈訊息」了。我們先定義這裡所講的「高層次的通靈訊息」，是指來自於已經脫離輪迴的佛菩薩等級。那高層次的訊息有什麼特色呢？

反過來講，第一個就是，祂們不會去強調神威、不會去強調自我。「自我」這個部分要用意會的，它是一種氣質，所以比較沒有辦法具體說一定是怎麼樣的，這是要靠自己去感覺的。

譬如說，你跟一群人在一起，誰講話比較自我、誰比較沒有自我，你能不能感覺得出來？其實是可以的。像有的人講話都在給自己貼金，或是怎麼講都會從你的話題繞回到他身上；還有些人講話的時候會一直在跟你或別人比較，總是想要貶抑別人、抬高自己等等……這些都是自我比較重的人。那麼同樣的道理，你也可以感覺得出通靈訊息裡面的自我感，是多還是少。愈高層次的訊息是愈沒有自我的，就會有點像是「君子之交淡如水」，會是比較有教育性、比較讓你自己可以反省的訊息，而不會讓你把興趣的焦點放在「神」的身上。因為祂們的付出本來就沒有求回報，也不會在乎你是否記得祂們。

從神佛來的高層次訊息還有一個特色，那就是「絕大多數都很生活化、很細緻化」。為什麼特別這樣講？因為這跟很多人以為的剛好相反。

高靈說，愈是高來高去、談玄說妙的訊息，其實是愈低的。例如有一些通靈訊息翻來覆去總是三句話不離：「不要忘了你們是靈魂，不是身體，所以不要執著這個肉體，不要活在二元對立的意識裡面，你們將來是要回到合一的。」雖然我們也曾經講過這個，但是會翻來覆去一直講這些嗎？不會的。可是有一些靈訊的來源、有一些團體，是無論你遇到什麼問題，他們基本上都在高談同一套「很宇宙」、「很究竟」的東西，只是詞換一換而已。那些訊息多年來都是一直在講：「我們要活在光跟愛裡面，提升我們的意識頻率。現在的環境充滿考驗，只有提升你意識頻率，你就能得到平安。我們來這世界上，就是來做功課的，所以我們就是要回到愛，要去合一。」這些都叫做高來高去。

這就像是：明明你有很實際的問題，例如你跟你的另一半為了婆婆的事一直產生衝突，不知道該怎麼解決，然後你跑去請教一位「大師」，他的回答卻是：「夫妻就是要相敬如賓，各退一步，彼此包容，這樣事情一定能夠皆大歡喜，不是很好嗎？」其實這是層次很低的回答。

所謂很生活化、很細緻化的訊息，就是能夠就你現在的相對位置，讓你知道，在你這個問題裡面，該補修的學分是什麼？你比較沒有看到的角度是什麼？高層次的訊息是可以很個人化、也很準確地給你提點，開啟你在生活細節裡面的覺察，讓你真的可以去做實際的調整的。

所以一直在說些高來高去、什麼人都通用的通靈訊息，無論號稱來自何處、「來頭」有多大，其實它的層次比起中階層次的訊息——來自那些很愛你的靈魂所給的訊息，還要低很多。

所以同樣的道理，愈是程度不高的人，常常講出來的東西都會愈玄愈妙，都會在那裡比賽誰的說法「最究竟」。因為他們就是喜歡耽溺在舒適圈裡面空談，也想要讓別人覺得他修為很高。可是你如果真的跟他有機會長期相處，例如你是他的另一半、長官、同事還是下屬，你就會發現，他們實際去面對很多事情的時候，能力都很差，心態也很假，還很會虎頭蛇尾、推卸責任。只是他每次都可以講出一些漂亮話來掩飾自己的不足而已。

我們這世界有個很多人搞錯的地方，就是把講話高來高去的人當作是大師。所以你看，任何電影在演大師，講話都是像這樣：「唉！色即是空，空即是色。徒兒懂了嗎？」明明你的問題很具體、很生活、很現實，可是他的回答永遠都在不著邊際，好像政治語言。其實那是很低、很沒有智慧的。佛菩薩不會跟你們講這些，雖然偶爾會講格局比較大的東西，但祂們很知道怎麼幫助你從你現在的位置，一步一步走向成佛，這就很不簡單，這裡面才有證量。

所以來自佛菩薩的訊息，第一個特點是很沒有自我，君子之交淡如水。第二個特點則是很生活化；很有能力去進入具體細節，給你指點。所以就算你問了一個很宇宙性、好像很高的問題，祂們也總是傾向於把你拉回到你個人的現階段、應該去鬆動的觀念層次，去給你「專屬的回答」，而不會讓你脫離你的功課。第三個特色則是，佛菩薩層級的訊息，是有能力在你的現狀，與你想要達成的任何願望之間，找到不只一條的可行路徑（但是可不可以告訴你，則是另一回事）。

高層次的通靈訊息，會有能力在外在的世界「扭轉乾坤」

也就是說，這個層級的訊息，是有轉動任何事情的絕大創造力的。所謂「轉動」就是把你認為做不成的，變成可以做成。中階層次的訊息比較擅長於轉動你個人的內在狀態，比如說讓你轉念、回到愛裡面、讓你的心境可以鬆綁、打開觀念的限制等等。它們偏向於轉動你的內在狀態。佛菩薩層次的訊息也包含了這樣的能力，可是還包括了轉動「外在世界的事物發展」的能力。這個是中階層次的訊息通常做不到的。

比如說，即使是國家與國家之間的衝突，像這種層級的大事，如果有國家官員或國家領導人收得到佛菩薩層級的訊息的話，那確實是會有所謂的「錦囊妙計」的。甚至於如果他的智慧不足，還可以給他下載一連串的行動指引，讓他一步一步拆解那個危機。所以更不用說一般人的人生遇到的困難，或想要達成的心願，在佛菩薩層級來看，那全部都是「都可以！」因為祂們對於「人間」的瞭解太透徹、太細緻，就好像寫電腦程式的人一樣，祂們是知道電腦螢幕背後的程式碼的。所以比如說，你現在有什麼事情想要把它轉變成另一個樣子，那祂們是知道你怎麼做，就等於是回到幕後去修改程式，於是螢幕上顯示的畫面就可以不一樣；祂們是知道這些路徑的。

所以你可以說祂們是創意無窮，因為任何事情在祂們的眼光裡，都是「條條大路通羅馬」。

因為老師的工作是心靈的教育工作，所以老師平日看到新聞報導中，有一些人發生公關危機了，或是大家覺得無解的事情的時候，高靈常常就會有訊息來，告訴老師這件事的出口在哪裡，其實是可以怎麼樣處理的。例如祂會告訴老師說：「你看這個模式為什麼會失敗？因為其實別人是如此如此想的，可是他沒有看到。如果今天他們採取某某做法就會成功。」然後我就發現，這個分析真是突破盲點，對極了。

那高靈為什麼要給老師這些訊息呢？並不是說要老師去介入，而是老師現在到這個階段，有這個階段要學習的智慧，所以祂就會用這些事情來當作一種「機會教育」，來讓老師可以成長。所以為什麼老師常常很樂觀的告訴你們說：「你們要相信任何事都有出口。」

老師跟任何人一樣，也碰過很多的困難跟瓶頸，包括心靈的工作。其實任何工作領域都有它黑暗的那一面，老師也都會碰到。高靈總會在適當的時機點，教導老師去看到這些事情背後的原理，以及認識人性中更細緻的黑與白。

甚至祂還常常會直接告訴老師，實際處理的有效作法，這個的目的是，讓老師可以透過馬上去照做之後的成功經驗，迅速更新思考的迴路（當然這是很有福報的學習方式）。當老師按照高靈的方式去做的時候，會發現每一次都是在創造雙贏，然後這些雙贏所帶來的，當然就是內外在同步的，愈來愈大的豐盛了。

所以來自佛菩薩層次的通靈訊息的第三個特點，可以說是：就你在現實世界所遇到的絆腳石，都可以把它變成你的墊腳石。也就是佛菩薩不用跟你在嘴巴上講「色即是空，空即是色」，祂能夠直接在實際的事情上教導你如何去轉動，讓你看到你之前的「五蘊」（自認為的絆腳石）確實是「空的」。

不過想要獲得這樣的訊息，當事人必須要心存善念，才能得到這個指引，因為祂們不會讓你去變壞。如果這些轉動會讓你的自我壯大、走偏，或是偏離你該學習的靈魂功課，祂們就不會給出訊息，或是只會給出適合你的訊息，讓你能夠往對你真正有益的方向去做。

所謂「真正有益的方向」是指什麼呢？其實就是要讓你能夠成佛。佛菩薩給人訊息最重要的目的，就是要讓你成佛，讓你變成光明的本身，這才是祂們的最高宗旨。因為你如果成佛了，你也就回到了這個大合一，有了如同金山銀山般的智慧，你就不用再外求了。這就是祂們可以給你的最大的禮物、最無私的愛。

這就是我們今天要講的「通靈的真相」。

虛懷若谷的學習，就能夠與佛菩薩印心

回到我們最開始的結論：通靈這件事情，其實一點都不稀奇。因為我們本來就是靈魂，我們都可以收得到訊息。所以你今天聽了這堂課，很重要的，就是以後再碰到任何人說他能通靈、有什麼神通、可以知道你的身體有什麼狀況……你再也不用覺得那很特別，你要覺得那沒有什麼，因為那就是靈魂的本能，只是有的人比較沒有遺失，如此而已。

通靈真正的重點在於訊息的品質。當一個人因為覺得自己能夠通靈，所以與眾不同，有個自我在裡面、有快感的時候，他所收的訊息，格局漸漸就會愈來愈低。所以你們要去分辨你所 follow 的訊息，是讓你知道你本來就可以成佛，且如何在生活中實際一步一步去修的訊息；還是說，都只是讓你在「吉凶禍福」的患得患失裡面，去在乎那些短期的蠅頭小利，或總是翻來覆去地談玄說妙，讓你一直冀望著神祕力量，來給你救贖……你只要能把這個思考放在心裡面，去審視你所聽到的通靈訊息，你就不會被迷惑了。

此外，並不是說，一個老師講得高來高去，跟深奧的佛經講的很像，就表示他的

層次很高。尤其是常常習慣性談玄說妙的「禪師」，你就要更注意了。因為很多這種「大師」或「團體」，其實是把靈性語言當作一種政治操作，在吸取你的能量，滿足他們所要的名聞利養。他們的頭腦很聰明，但實際修為就是《西遊記》裡面各據山頭的妖精鬼怪，根本就走偏了。

那為什麼要告訴你們這些呢？因為既然你們走到這個領域來學習，你就很有機會碰到很多這樣的人事物。不過也不必過度擔心，只要你自己不喜歡談玄說妙，喜歡面對實際問題實修智慧，那麼自然也就與他們無緣了。

而如果在座的你們之中，有人覺得自己好像可以通靈，偶爾會有這樣的經驗，讓你覺得很受用，建議你也不要去發展它，而以修善念為主，其他的順其自然。因為只要你能心存善念，真的有在修行，那麼每一個階段，該你知道的就會讓你知道，你一定不會錯過的。

老師一直很強調「善念」。沒有來上過我們的課的人，會以為「心存善念」很容易，好像是一個做人的基礎篇，覺得自己早就不用人家教了。可是只要是上老師的課，上得愈久的同學，就會愈清楚「心存善念」的層次，學到現在都還學不完、看到現在都還看不盡，也就會知道「心存善念」有多麼的不容易！一般人以為自己的「心存善念」，其實那是非常粗糙、非常自以為善的，所以他的人生才會上不去，他的人生才會有這麼多失望與痛苦。

同樣的道理，我們一直有新的同學來加入，今天也許是你的第一堂課。那現在老師講完了這堂課，如果問你：「今天講的東西懂不懂呢？」你會怎麼回答？希望你在回答「我懂」之後想想，如果你的「我懂」，跟老師的「我懂」真的是一樣的，那為什麼今天你的人生，沒有讓你充滿感謝、充滿朝氣、充滿力量，並且充滿創造的自由呢？這樣一想，也許你的內心就會騰出更多空間，知道自己一定還有很多自己看不到的地方，是需要人家來指點的。那麼你的學習裡面，就會有一份「虛心」出現了。然後你可以去品味一下這份「虛心」的感覺是什麼？

你會發現，原來這份虛心，就是你透過自省，所給予你自己的「善念」。你看，原來「虛心」就是一種「善念」。

而有這份你對自己的善念，你才會回到「心」的狀態去學習。那麼，這個「心」就是那根「天線」，讓你開始能夠對準，從開悟的世界那裡所來的靈感。

（全書完）

⊙傳訊者介紹

章成

靈修導師，資深廣播人，三屆金鐘獎得主。首位受邀於中國銷售第一女性時尚雜誌《悅己 SELF》，開闢人生智慧專欄的台灣靈性作家，連載三年半，大受好評。長年樸素禪修，創辦「心的智慧」課程，及「一對一高層意識通靈諮詢」等，教學風格通解靈性和生活語言，讓學生容易地體會關鍵道理，輕鬆、明亮的修習。著作：《地藏經》、《人生最有價值的事，是發現自己在重複》、《都可以，就是大覺醒》、《理念崛起》、《回家》、《奉獻》、《神性自在》、《與佛對話》（以上均為商周出版），《不失去快樂的秘密》、《你就是幸福的源頭》（以上均為天下文化），《絕望中遇見梅爾達》（方智），《一生，至少該有一次說走就走》（我們）、《大自然健康密碼 CD》（風潮唱片）。

M・FAN

室內設計師，《地藏經》、《都可以，就是大覺醒》、《理念崛起》、《回家》、《奉獻》、《與佛對話》共同著作人。

部落格：章成的好世界

FB 粉絲頁：章成

國家圖書館出版品預行編目 (CIP) 資料

心經：通往心經開悟的《心經》 / 章成、M・FAN
傳訊．-- 初版．-- 臺北市：商周出版：家庭傳媒
城邦分公司發行 ,2019.12
面； 公分
ISBN 978-986-477-762-4（精裝）

221.45 108019440

心經：通往心經開悟的《心經》

傳訊者 章成、M・FAN
企畫選書 徐藍萍
責任編輯 徐藍萍

版權 黃淑敏、吳亭儀、翁靜如
行銷業務 莊英傑、王瑜、周佑潔、黃崇芸
總編輯 徐藍萍
總經理 彭之琬
事業群總經理 黃淑貞
發行人 何飛鵬
法律顧問 元禾法律事務所王子文律師
出版 商周出版 台北市 104 民生東路二段 141 號 9 樓
電話：(02) 25007008 傳真：(02)25007759
E-mail：ct-bwp@cite.com.tw Blog：http://bwp25007008.pixnet.net/blog
發行 英屬蓋曼群島商家庭傳媒股份有限公司城邦分公司
台北市中山區民生東路二段 141 號 2 樓
書虫客服服務專線：02-25007718 02-25007719
24 小時傳真服務：02-25001990 02-25001991
服務時間：週一至週五 9:30-12:00 13:30-17:00
劃撥帳號：19863813 戶名：書虫股份有限公司
讀者服務信箱 E-mail：service@readingclub.com.tw
香港發行所 城邦（香港）出版集團有限公司 香港灣仔駱克道 193 號東超商業中心 1 樓
E-mail: hkcite@biznetvigator.com 電話：(852)25086231 傳真：(852)25789337
馬新發行所 城邦（馬新）出版集團 Cite (M) Sdn Bhd
41, Jalan Radin Anum, Bandar Baru Sri Petaling, 57000 Kuala Lumpur, Malaysia.
Tel: (603) 90578822 Fax: (603) 90576622 Email: cite@cite.com.my

設計 張燕儀
印刷 卡樂彩色製版印刷有限公司
總經銷 聯合發行股份有限公司 新北市 231 新店區寶橋路 235 巷 6 弄 6 號 2 樓
電話：(02) 2917-8022 傳真：(02) 2911-0053

2019 年 12 月 26 日初版
2023 年 11 月 20 日初版 8 刷

城邦讀書花園
www.cite.com.tw

Printed in Taiwan

定價 450

 ISBN 978-986-477-762-4

心存善念
福氣綿延